β

베타
전략

베타 전략

완벽함에 목매지 말고
'페어링'에 집중하라!

임춘성 지음

쌤앤
파커스

"세상에 좋거나 나쁜 사람은 없어요.
진실하거나 진실하지 못한 사람이 있을 뿐이에요."

— 쿠엔틴 타란티노, 영화감독

진실한 전략, 그 이름은 베타

당신은 알고 있었나요?

이러한 어색한 세상이 다가올지

이렇게 익숙한 세상이 떠나갈지

미처 생각이나 했었나요?

그런데 아직도 이렇지 않나요?

이미 떠나간 세상의 기준으로

최고가 되고 때론 완벽하고자

최선을 다하고 있진 않나요?

당신은 A급인가요?

세상이 당신을 일류라 하고,

관계를 맺은 상대가 당신을 최고라 하던가요?

그 세상은 떠나가고 있습니다.

당신의 기업은 A급인가요?

당신 기업의 조직, 그 조직이 만들어내는

제품과 서비스는 일류인가요?

최고인가요?

그 세상은 떠나가고 있습니다.

당신에게 그토록 소중한

당신의 그대와의 관계는 어떤가요?

당신의 기업에게 그토록 소중한

고객과의 관계는 어떤가요?

최고이고 최선인가요? 완벽하고 훌륭한가요?

도대체 언제까지 그럴까요?

그 세상은 떠나가고 있습니다.

어색한, 지금까지 없던 세상입니다.

기업의 경영전략이든 인간의 관계전략이든,

전혀 다른 세상에서는 전혀 다른 전략이

필요하지 않을까요?

냉정하고 현실적인, 그래서 그만큼 진실한 전략,

베타 전략입니다.

참 말도 많습니다. 뉴노멀 시대, 불확실성 시대, 저성장 시대라더니, 돌연 4차 산업혁명 시대라고 합니다. 언제는 무슨 3번째 물결이 온다더니 이번에는 4번째 혁명이랍니다. 그나마 겨우 적응하고, 그나마 겨우 대비하며 한숨 돌리고 있는데, 급작스럽게 전혀 생각하지 못한 어색한 세상이 되어버렸습니다.

언택트untact의 시대, 디스턴싱distancing의 세상입니다. 인간은 사회적 동물이라는 말이 무색하게, 만나지 말고 마주치지 말고, 가까이하지 말고 거리 두라 합니다. 인간답게 사회를 이루고 꾸리고 살지 말라 합니다. 정녕 어색합니다.

그렇다면 이 어색함의 실체는 무엇일까요? 이 어색함으로 받아들여야 하는 새로운 세상의 모습은 어떠함일까요? 온라인 사업이 뜨고, 비대면 사업이 성장하고, 세계화는 저물고, 글로벌 협력은 쇠퇴한다고 하죠. 유통과 서비스의 방법이 바뀌고, 교육과 여가의 방식이 바뀐다고 합니다. 충분히 예상할 수 있는 예측이지만, 그게 다일까요? 그걸로 충분할까요? 과연 그런 정도로, 그 정도의 단편으로 이 어색함을, 이 어색한 세상을 단언할 수 있을까요?

조금만 더 들어가 볼까요. 한 겹만 더. 새로운 세상의 실체를 만져보기 위해, 한 꺼풀만 더 들추어내 볼까요. 들어가 본, 들추어내 본 그곳에는 몇 개의 단어가 또렷하게 박혀 있습니다. 뚜렷하게 빛을 발하고 있군요.

이제는 '근시적near-sight'입니다. 좋고 나쁘고를 떠나서 그럴 수밖에 없습니다. 먼 앞날을 헤아릴 수가 없습니다. 5개년, 3개년 계획은커녕 연간 계획도 큰 의미가 없습니다. 종합계획, 마스터플랜 역시 멋지지만 멋없습니다. 엄청난 변화, 변형, 변종이 시시각각 펼쳐지는데, 대체 그런 게 다 무슨 소용입니까. 그때그때 업데이트된 상황에 맞게 계속계속 세워야 하는 게 계획입니다. 오랜 후의 미래, 길고 긴 훗날의 미래는 없으니까요. 미래가 없다는 것이 아니라, 길게 오래 이어지는 연속의 날들이 없다는 뜻입니다. 좁아진 시야와 짧아진 앞날로, 대부분의 세상은 그리고 대다수의 사람들은 눈앞의 사실과 이익을 좇을 것입니다. 그것이 현실적이라는 것을 경험으로 알게 되겠지요.

그리고 '단시적short-time'입니다. 짧은 시간, 빠른 속도에 기대치가 맞추어집니다. 이제껏 온라인의 편의를 몰랐던 것은 아니었습니다. 하지만 그냥 아는 것과 실제 경험하는 것은 다릅니다. 고르기만 하면 결제되고, 결제하기만 하면 배송되고, 배송되기만 하면 도착합니다. 어찌 쇼핑뿐이겠습니까. 선생님의 강의를 귀로 듣기도 전에 눈은 이미 강의자료를 다 넘겨보았습니다. 어찌 교육뿐이겠습니까. 시간은 짧아지고 속도는 빨라집니다. 우리 마음의 기대수준이 그렇다는 얘기입니다. 그러한 눈높이가 형성된다는 얘기입니다.

생각해보세요. 근시적인 세상에서 단시적인 상대를 만납니다. 길게 보지 않고 긴 시간을 기다리지 못하는 고객을 상대합니다. 그런데, 그런데도 아직 애쓰고 노력하고 있습니까? A급이 되고, 최고가 되며, 일류가 되려고 분전하고 있습니까? 그간에 익숙했던 세상의 기준에 맞도록 분투하고 있지 않습니까? 완벽한 당신, 당신의 완벽한 기업, 기업의 완벽한 제품과 서비스를 위해 분전분투하고 있지 않습니까?

또 있습니다. '초인간적beyond-human'입니다. 인공지능과 로봇의 발전에 기인한 초인의 등장 얘기냐 싶겠지요. 아닙니다. 훨씬 더 중요한 뜻이 있습니다. '초인적'이 아닌, '초인간적'이라 하지 않습니까. 재택근무하면서, 원격수업하면서 생긴여지가 조금의 여유를 줍니다. 그러나 그 여지는 어색함이또 다른 익숙함으로 바뀌는 과정의, 과도기의 틈이 만들어준잠깐의 여유입니다. 각종 솔루션으로 무장한 시스템으로 모든 것은 데이터가 됩니다. 나의 업무성과와 근무방식, 학업성과와 수업방식이 모두 기록되고 분석됩니다. 물론입니다. 관리자와 교육자에게도 마찬가지입니다. 인간적인 사회에서 기대었던 조금의 여지, 잠깐의 여유는 사라집니다. 냉정함이 감도는 투명사회로 성큼 다가섰으니까요.

그래서 더욱더 개인적이 됩니다. '초개인적super-individual'이라 부릅니다. 모든 것을 자기중심적으로 대응할 수밖에 없습니다. 우리나라, 우리 동네, 우리 가족, 우리, 결국 나 중심으로 가겠죠. 그중에서도 나, '나'라는 개인입니다. 초연결사회의 수많은 연결, '수많은'만큼 흔하디흔한 연결의 중심에는 내가 있습니다. 영원한 직장, 영원한 소속이 없는 세상에는 결국 나만 남습니다. 사회보다는 가족, 집단보다는 개인이 우선시되는 현상은 한층 강화될 것입니다. 가히 초개인적이라 하겠지요.

그러니 생각해보세요. 초인간적인 세상에서 초개인적인 상대를 만납니다. 냉정하게 마음잡고 자신만의 가치에 오롯이 집중한 상대를 상대합니다. 그런데, 그런데도 아직 애쓰고 노력하고 있습니까? A급, 일류의 상대가 되기를 원하며 분전하고 있습니까? 그간 익숙했던 세상의 기준에 적합한 최고의 고객을 맞이하기를 바라며 분투하고 있지 않습니까? 당신의 훌륭한 그대를, 당신 기업의 훌륭한 고객을 원하고 바라며 분전분투하고 있지 않습니까?

경제의 변화, 기술의 발전, 다 같은 방향으로 움직이고 있습니다. 질병의 확산으로 접촉하지도, 대면하지도 말라 합니다. 눈에서 멀어지면 마음에서도 멀어진다고 하는데, 멀리하라 합니다. 어떻게 해야 할까요?

당신은 당신의 소중한 그대와의 관계를 어떻게 이어갈 수 있을까요? 당신의 기업은 소중한 고객과의 관계를 어떻게 이어갈 수 있을까요?

당장 이렇다 저렇다 하기보다는, 당장 이래라 저래라 하기보다는, 근본적인 질문에서 출발하고자 합니다. 근원적인 고민으로 진행하고자 합니다. 그렇습니다. 근본이고 근원적인, 그래서 그만큼 진실한 전략, 베타 전략입니다.

| 차례 |

4부 [베타의 완성] 베타 전략

0부

베타 스토리

일러두기

우화를 하나 준비했습니다. 우리 모두에게 친숙한 개와 고양이가 등장하니 친근한 마음으로, 마음 풀고 시작해보길 바라는 마음에서입니다. 갑자기 놀라지 말고요.

사무엘과 사만다

사무엘의 이야기

어느 정도의 세월을 보낸 인간이라면 누구나 기억하고 싶은 행복했던 시절이 있다. 그러나 행복한 과거를 떠올린다고 꼭 행복해지는 것은 아니다. 때론 괴로운 일이다. 되돌릴 수 없고 돌아오지 않을 일이라면 더 괴롭다. 그 기억이 소중하고 애틋할수록 정말 괴로운 일이다.

인간이 아닌 샘Sam*에게도 마찬가지. 차갑고 거친 길바닥 위에 놓인 발바닥은 더러워진 채 갈라져 있다. 윤기 흐르던 털과 털이 감싸 매끄럽던 피부는 뭐라 딱히 설명하기 어려운 더러운 물질들로 덮여 있다. 폭신한 카펫과 잔디, 따뜻한 욕조 물과 시원한 샤워는 가물가물한 추억일 뿐이다. 그리워하는 것도 이젠 지쳤다. 그러나 무엇보다도, 무엇보다도 잊혀지지 않는 그래서 더욱 괴로운 것은 그의 손길, 그가 쓰다듬어주던 포근한 느낌이다. 아직도 생생한데 앞으로는 절대 그럴 수 없다는 절망이 샘에게는 씻을 수 없는 괴로움이다.

"샘!"

그가 던져주는 푸른색 공이 하늘을 날아가자 샘은 본능적으로 뛰었다. 푸른색 공이 푸른색 하늘 위로 점점 작아지더니 자취를 감추었다. 그가 공을 쥐었을 때부터 이미 샘은 숨이 거칠어지고 입가에 침이 흘러나온다. 어느 방향으로 달려야 할지는 모르나 발은 이미 정신없이 빠르게 움직이며 뛰고 있었다. 이리 뛰고 저리 뛰고. 갑자기 커져서 내려온 공이 땅에 떨어지는 소리를 듣고서야 달려간다. 푸른 잔디에 가려진 공을 무니 잔디가 엉키고, 엉킨 만큼 잡아채는 입에는 더 많은 침이 샘솟는다.

---

* 샘Sam은 남자이름 사무엘Samuel과 여자이름 사만다Samantha에 동시에 쓰이는 약칭이자 애칭. 국립국어원 외래어 표기법을 따르자면 '새뮤얼'과 '서맨사'로 써야 하지만, 이 책에서는 익숙한 발음의 사무엘과 사만다로 쓴다.

왜 그랬을까? 침이 많이 묻어서일까? 물어다준 공을 받아든 그의 얼굴은 마냥 즐거워 보이지 않았다. 쓰다듬어주는 그의 손길 역시 마냥 부드럽진 않았다. 오히려 그의 품에 안겨 있는 또 다른 샘에게 다가가는 손길이 더욱 따뜻해 보였다.

생각해보면 그러기 일쑤였다. 그가 부르면 고양이는 항상 먼저였다. '이름이라도 다르게 지어주지.' 이런 불평을 할 새도 없이 고양이는 정말 빠르다. 어느 새인가 그의 무릎 위에 올라타 애교를 부린다. 고작 심드렁한 표정이나 지으면서 머리는 왜 자꾸 그의 손을 비비는 거야? 맞다. 정확히 말해서 그가 쓰다듬어주는 게 아니다. 사만다라는 그 고양이가 머리를 그의 손에 부비는 게 맞다. 집 지키느라 마당이 주거지인 내가 방구석에서만 어슬렁거리는 고양이보다 빨리 갈 수는 없지 않은가? 그런 내가 뛰어가면 흙 묻은 발이나 못마땅하게 쳐다보고…. 웃는 건지 비웃는 건지 한 번씩 그의 웃음을 이해할 수 없었다.

어쨌거나 싫은 건 사만다, 특히 오만하게 서 있는 사만다의 빳빳한 꼬리였다. 비웃음이라도 좋으니 그가 날 보고 웃어주길 바랐다. 몇 번의 성의 없는 손놀림이라도 그의 따뜻한 손길을 바랐다. 그러던 어느 날, 그날이 어떤 날이었는지 혹은 어떤 일이 있었는지 모르지만, 나는 느꼈다. 그의 눈에

감정이 없고 손길, 아니 손에 온기가 사라졌다. 그가 큼직한 박스에서 무언가를 꺼낼 때, 곁에 있는 나에게 돌아온 것은 "저리 가!" 하는 매몰찬 한마디뿐이었다.

박스에서 나온 물건은 '샘'이었다. 나오자마자 그 물건은 걷고 뛰었다. 사실 물건이라 하기에는…. 그것은 나와 똑 닮은 개였다. 나에게 나의 원래 이름 '사무엘'을 찾아준 개. 아니, 그가 나를 부르던 애정 넘치는 이름 '샘'을 빼앗아간 개였다. 그 물건은 처음부터 마당으로 나가지 않았다. 마당에 있는 내 밥에는 아예 관심도 없어 보였다. 그저 그가 "샘!"이라 부르면 날름 사만다 옆에 비어 있는 한편을 차지했다. 왜 나는 그 한편을 몰랐을까….

그리고 운명의 날이 왔다. 한 번도 와보지 않은 공원에 도착해서, 이번만큼은 저 차가운 개보다 빨리 공을 집어 그에게 가져다줄 생각이었다. 심장은 터질 듯하고 입가에는 침이 흘렀다. 그러나 그 개는 공원에 내리지 않았다. 아니, 차 밖으로 내려진, 내팽개쳐진 건 나 혼자였다. 나는 그렇게 버려졌다. 왜 그랬을까? 왜 그렇게 되었을까? 내가 공을 먼저 물어다준 적이 없어서? 어떻게 공을 던질 때부터 공이 떨어지는 곳으로 정확히 달려가는 그 쇳덩어리 개를 앞선단 말인가? 부를 때 빨리 못 가서일까? 고작 그 정도 기다렸다고, 기다리

게 했다고 나를 버린다는 말인가?

그새 익숙해진 이 길바닥, 이 공원, 이 허전함과 외로움 외에 이제는 아무것도 없다. 남은 것은 향기로운 기억뿐이다. 그가 책을 읽을 때면 그의 발등에 얼굴을 포개고 누워 나른하고 포근했던 행복한 추억뿐이다. 왜일까? 그가 책을 덮으며 웅얼거렸던 뜻 모를 얘기가 귀에 윙윙거린다. 이상하게도.

'사람은 자기를 기다리게 하는 자의 결점을 계산한다.'

사만다의 이야기

사무엘이 마음에 들었던 것은 아니다. 그래도 싫었던 건 아니었다. 줄줄 흘리던 입가의 침이나 발끝에 묻은 더러운 흙이 거슬리기는 했어도 그만하면 나쁘지 않았다. 왜 그리 헉헉거리며 혀를 길게 내미는지…. 그래도 나쁘지는 않았다. 일단 만만했으니까. 그의 품에 안겨 내려다보곤 했지. 부러운 듯 나를 쳐다보는 눈망울. 특히 마지막으로 생전 처음 가본 공원에서 멋모르고 내려질 때, 버려질 때의 애처로운 눈망울을 잊지 못하겠다.

심지어 사무엘이 그리워질 줄은 몰랐다. 밥도 안 먹고 잠도 안 자는 이 냉혈 개. 그가 부르면 바로다. 나도 잠은 자야지. 그런데 이 개는 개가 아니다. 침도 없고 흙도 없다. 개도 아닌 개와 그의 품을 놓고 경쟁할 때는 특히 사무엘이 그립다. 어쩌다 부딪치는 이 냉혈동물의 몸은 딱딱하다. 딱딱하니 아프고, 그러니 만만하고 말랑한 사무엘이 그리울 수밖에. 그러나 저러나 우리 주인은 저 딱딱한 게 아프지도 않은 모양이다. 왜일까?

거기까지는 괜찮았다. 그래 봐야 개 아닌가. 개인지, 개를 닮은 무엇인지는 모르겠지만 개처럼 행동하는 건 맞으니, 사무엘을 대신하는 '샘' 맞다. 근데 왜 개와 나는 이름이 같은 거지? 엄연히 개와 고양이인데. '사무엘'이고 '사만다'인데. 잘 알고 있다. 그가 나에게 바라는 것을. 그가 필요로 하는 것을 잘 알고 있다. 그것을 채워주는 것은 자신 있다. 감히 개 따위는 비교도 안 되는 나는 고양이 아닌가. 나의 부드러운 털, 사뿐사뿐 걸음, 애교 음성과 교태 몸짓. 무엇보다 나는 날 필요로 할 때 다가간다. 절대 치대지 않고 혀 내밀지 않고.

상황이 바뀐 것은 박스 하나가 배달된 후부터였다. 자세히 보니 그 냉혈 개가 타고 왔던 박스와 같은 모양이다. 똑똑히 기억하는 것은 박스에 새겨진 그림 'β'*다. 이번에도 큼직하게 쓰여 있다. 그러곤 나는 '사만다'가 되었다. 그는 더 이상

나를 '샘!'이라 부르지 않았고, '샘!'이라 부를 때 그가 기대하는 것은 내가 아니었다. 그의 양팔에는 'β' 박스에서 튀어나온 두 냉혈 동물이 안겨 있다. 지들도 깐에는 개와 고양이랍시고.

　정말로 이해할 수 없는 것은 그의 집착이다. 그 재수 없는 냉혈 고양이에게 무언가를 계속한다. 뭔가를 계속할수록 털이 바뀌고, 걸음이 바뀌고, 심지어 소리와 몸짓도 바뀐다. 고양이인지 사람인지 모를 정도로 애교와 교태가 장난이 아니다. 그동안 살아오면서 분명히 알게 된 것은, 인간은 지나치게 기대고 치대는 동물을 안 좋아한다는 것이다. 나도 거기에 맞게 해왔다. 그에게 집착하지 않으려고. 나를 필요로 할 때 있어주었고, 필요로 하는 것을 채워주었다. 그것이 그와 나의 관계였다. 그런데 이제 와서 집착하지 않는 고양이를 버리고 다른 고양이에게 집착하다니! 그는 매일매일 변하는 'β' 고양이에게 빠져들고 빠져든다. 정체 모를 욕구와 욕망에 사로잡혀 때론 꼴사나운 탄성까지 지르는 꼴이란.

　사무엘을 만났다. 샘 말고 사무엘 말이다. 만났다기보다는 만날 수밖에 없게 되었다고 하는 게 맞겠다. 차창 밖에 공원

＊　β(베타)는 사람, 동물이나 유형체의 복제본을 의미하는 로봇과 같은 기술제품.

이 보이고 차가 멈추더니 문이 열렸다. 나는 알았다. 다시는 집에 돌아가지 못할 것임을. 아는가? 고양이가 얼마나 장소에 집착하는지를. 사람에게 집착하는 바보 같은 개와는 달리 나는 내가 자란 곳, 살았던 곳이 중요하다. 그런데 버려지다니. 집에서 쫓겨나다니.

사무엘은 음험한 공원에 꽤나 익숙해진 듯 보였다. 사실 처음에는 몰라보았다. 별의별 더러운 오물이 털에 잔뜩 눌러붙어 있었고, 그 안에 파묻힌 사무엘의 존재를 발견하기는 쉽지 않았다. 사무엘은 개의치 않았다. 대신 나를 보는, 잊을 수 없었던 사무엘의 눈망울은 이렇게 말하고 있었다.

'얘기하지 않아도 돼. 어차피 너도 나처럼 될 거니까. 다 잊어버려.'

잊어버리라고? 어떻게 다 잊을 수가 있어? 내 집, 내 소파, 그의 품, 그의 손길…. 그가 책을 읽을 때면 그의 품은 늘 내 차지였고, 내 공간에는 그의 손길이 가득했는데, 잊으라고? 이상하게도 또 잊혀지지 않는 게 있다. 그가 책에 밑줄 그으며 몇 번이고 중얼거렸던 뜻 모를 얘기 말이다.

"필요는 충족될 수 있지만 욕망은 충족될 수 없다."

'β' 박스

사무엘과 사만다는 함께했다. 더 이상 그들을 '샘'이라 불러
주는 이는 없고, "샘!"이라는 소리에 뛰어가 안길 주인도 없
다. 사무엘은 축 처진 사만다의 꼬리가 맘에 들었다. 더 이상
오만하지도 뻣뻣하지도 않으니까. 사만다는 더 이상 사무엘
의 침과 흙을 신경 쓰지 않았다. 침과 흙보다 더한 것들로 뒤
덮여 있으니까. 경쟁할 이유도, 시기할 이유도 없다. 그저 옛
추억을 더듬고 나누는 동지일 뿐이다. 경쟁과 시기가 없으니
긴장감도 없다. 아, 그렇구나. 인간이 없으니 개와 고양이도
이렇듯 아무 일 없이 지낼 수 있구나. 그러나 긴장감마저 그
립다. 그리움에 사무친 그들에게는 누군가 긴장을 자아낼 제
3자가 절실해 보였다.

　사무엘은 사만다를 공원의 외진 곳으로 데려갔다. 한 번도
가보지 않은 곳으로. 왠지 근처에 가면 섬뜩한 마음이 들어
발길을 돌렸었는데, 지금은 사만다와 함께이니 사무엘은 용
기를 냈다. 이상한 일이 또 일어났다. 무거웠던 발걸음이 빨
라지고, 가라앉은 마음은 쿵쾅거리기 시작했다. 외진 곳에서
더욱 외진 곳으로 갈수록 사무엘의 입 안에는 침이 솟구치고
입 밖으로는 혀가 늘어지고 있었다. 사만다의 털은 꼿꼿해졌

고 꼬리는 빳빳해져갔다. 급기야는 뛰었다. 그리운 그가 부르는 것처럼, 부르는 저편에 따뜻한 손길과 포근한 품이 기다리고 있는 것처럼. 사무엘과 사만다는 미친 듯이 뛰었다. 그리고 멈춰 섰다. 이 아련하면서도 가슴 설레게 하는 냄새가 뭐지? 돌이 있었다. 우뚝 서 있는 네모반듯한 돌에서 무척이나 익숙한 냄새가 피어나오고 있었다.

사무엘은 알았다. 그 돌은 분명코 사무엘이 공원에 오기 이전부터 있었던 것임을. 돌과 돌 주변의 이끼에서는 자신의 몸에 붙어 있는 이물질만큼이나 오래된 냄새가 났다. 냄새 감별은 개의 최고 무기가 아닌가. 그리고 알았다. 오래된 풀이 썩은 냄새 사이에서 피어오르는 또 다른 냄새를, 꿈에도 그리던 냄새를, 가슴을 송곳처럼 찌르고 마음을 회칼처럼 난도질하는 냄새를, 그리고 그 냄새의 추억을…. 그 모든 것은 주인의 냄새였다. 흙 속에 묻혀 썩은 주인의 냄새.

사만다도 알게 되었다. 왜 주인이 아파하지 않았는지. 왜 그 딱딱한 냉혈 개와 냉혈 고양이를 양편에 불끈 안을 때도 아파하지 않았는지 알게 되었다. 그의 몸도 딱딱하니까. 사무엘도 알아차리긴 마찬가지다. 언제부터인가 초점 없는 눈길과 온기 없는 손길, 그 이유를 알게 되었다. 사무엘 아닌 사무엘이 집에 오고, 사만다 아닌 사만다가 집에 들어오기 전에, 이미 주인 아닌 주인이 집에 들어왔던 것이다. 단지 사무엘과 사만다가 보았던 박스, 'β'라는 그림이 그려진 박스, 그것보다 훨씬 더 큰 'β' 박스가 집에 들어왔던 것을 못 보았던 것이다. 그리고 사무엘과 사만다는 동시에 알았다. 그들이 왜 공원에 버려졌는지. 행복했던 순간이 왜 영원하지 않았는지.

네모난 돌에는 알 수 없는 글이 쓰여 있었다. 아마도 그가 책을 보면서 또 웅얼거리거나 중얼거렸던 얘기겠지. 무슨 말인지는 몰라도, 무슨 뜻인지는 몰라도 순진했던 사무엘과 사만다는 이미 알고 있는 것 같았다.

"순진한 자는 순간의 진실을 영원이라 믿는다."

베타, 베타 전략

어땠나요? 재미없을지 모르겠습니다. 쉽게 공감하지 않을지도 모르겠습니다. 하지만 확실한 건, 이 책을 읽다 보면 알게 될 것입니다. 이 짧은 얘기에 상당히 많은 내용이 담겨 있다는 걸요. 공감도 수직 상승하리라 믿습니다. 재미요? 우리가 뭐 재미로만 세상을 사나요. 더욱이 당신이 재미를 찾기 위해 이 책을 읽고 있지는 않겠지요. 세상에 재미있는 일이 얼마나 많은데요. 굳이 여기에서까지 재미를 찾는 건 아닐 거라 생각합니다.

재미가 있건 없건 세상사는 '관계'입니다. 세상이 곧 인간 사회이고, 인간사회는 인간관계이죠. 비즈니스로 시야를 넓

히면 기업과 고객의 관계가 대표적인 비즈니스관계이고요. 세상을 살아가고, 살아가며 성공하는 모든 일들은 인간관계와 비즈니스관계에서 비롯됩니다. 세상의 일은, 간략히 말하자면 인간관계와 비즈니스관계라 할 수 있겠죠. 어차피 관계에서 자유로운 사람은 없으니까요.

그런데 관계는 대부분 이렇게 상정됩니다. 나와 너, 우리와 너희. 양편으로 나누죠. 내가 있고 상대가 있고, 우리가 있고 상대가 있고, 우리 기업이 있고 상대가 있습니다. 양편의 관계, 둘 사이, 정확히 말하자면 둘만의 관계죠. 둘만의 사이에서 함께하고, 따로 하고, 가까이하고, 멀리하고, 주고, 받고, 지지고, 볶는 것을 소위 '관계'라 생각합니다. 그렇지만 달리 보고, 달리 해보면 어떨까요? 그간 각고의 노력을 기울였음에도 여전히 '관계' 때문에 고민하고 있지 않나요? 상대와의 관계, 고객과의 관계에 노심초사하고 있지 않나요? 그러니 달리 해야 하겠지요. 둘 사이에 하나를 넣겠습니다.

'β', 이름하여 '베타'입니다.

베타는 그리스어 알파벳의 두 번째 문자입니다. 영어 알파벳으로는 B에 해당하죠. '알파벳'도 알파 α와 베타 β의 합성어이니 꽤 비중이 큽니다. 그럼에도 불구하고 베타는 철저하게 알파의 그림자에 가려집니다. 베타는 알파를 만들어가는 과정 정도로 여겨집니다. 제품 개발에도, 흔히 말하는 '베타 버전'은 완성품 알파로 가는 중간 제품, 중간 버전입니다.

공상과학 소설과 영화에 등장하는 베타는 약간의 무서운 느낌을 동반합니다. '복제 생명체'를 뜻하거든요. 생명이 복제되다니요. '나 아닌 나'가 있고, '너 아닌 너'가 있다니요. 하나하나의 생명은 우주의 중심이고, 각자의 생명은 그 자체로 우주인데, 생명체를 복제한다는 것은 바로 '하나하나'와 '각자'의 존엄성을 묵살하고 박살내는 것입니다. 사무엘과 사만다의 상처와 고난도 복제품의 등장과 그로 인한 정체성의 상실에서 기인했겠지요.

그런데 말입니다. '공상과학'이라는 표현도 자제해야 할 때가 되었다고 생각합니다. 이전에는 과학으로 공상을 가능하게 했으니 붙여 썼지만, 이제는 과학기술이 '공상이 더 이상 공상이 아니게' 하고 있습니다. 복제양, 복제늑대, 복제돼지 등 복제동물은 여기저기에서 태어나 생명을 유지하고 있습니다. 반려동물을 잃은 사람들의 슬픔을 달래주기 위해 미국과 중국에서는 이미 반려동물 복제 서비스가 이루어지고 있습니다. 사무엘과 사만다는 죽기도 전에 로봇으로 복제되었지만요.

인공지능과 로봇기술이 생명과학을 거들고 있습니다. 로

관계를 보는 시각의 변화

봇으로 몸이 복제·강화되고, 인공지능으로 뇌가 복제·강화
됩니다. 원본이 원본인지, 복제가 복제인지, 그래서 알파가
알파인지, 베타가 베타인지…, 결국 공상이 공상인지 헷갈리
는 세상이 되었습니다. 공상과학 영화에 등장하는 복제인간
도 공상이 아닐 겁니다. 그러니 앞의 베타 스토리를 너무 허
황하다 하지 말아주세요.

베타와 함께 그간의 전통적이고 일반적인 시각을 깨려 합
니다. 양편의, 둘만의, 이원적인, 일대일의 시각을 깨려 합니
다. '나와 너'가 아니라, '나와 너 그리고 베타'입니다. 당신과
당신의 그대가 아니라, 당신과 당신의 그대 그리고 베타입니
다. 기업과 고객이 아니라, 기업과 고객 그리고 베타입니다.
우선 기억하세요. 베타를. 베타의 등장으로 성립되는 새로운
시각을 말입니다. 그리고 나서 다음의 그림들을 차분히 보기
바랍니다.

베타의 역할

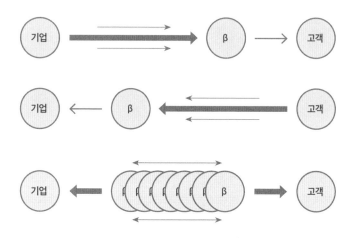

　일반적인 시각을 벗어나 관계의 가운데에 들어선 베타의 역할을 보여주고 있습니다. 베타는 그저 그 자리에 우두커니 멍하니 있지 않습니다. 첫 번째 그림의 베타는 애쓰고 있습니다. 애써서 기업을 고객에게 다가가게 하고 있습니다. 기업의 입장으로 베타는 고객에게 빠르게 다가가게 하고자 합니다. 한편 두 번째 그림에서는, 고객이 기업에게 다가오게 애쓰고 있습니다. 고객의 입장을 십분 고려하면서 베타는 고객이 자발적으로 다가오게 하려 합니다. 때론 다가가게 하고 때론 다가오게 합니다. 기업과 고객 사이를 종횡무진 누비며 다가가게 하고, 다가오게 합니다. 때론 기업에서 고객의 방향으로 움직이고, 때론 고객에서 기업의 방향으로 움직입니다. 사실 '때론'이라는 표현이 꼭 들어맞지는 않습니다. 베타는 기업과 고객 사이를 꾸준하게 오갑니다. 세 번째 그림에서 그런 모습을 보여주고 싶었습니다. 지면의 한계가 있으니, 암튼 머릿속에서라도 그려보길 바랍니다. 꾸준하게 움직이며 활약하는 베타를요.

　베타는 움직이는 무엇입니다. 마치 시계추처럼, 진동자처럼, 나와 너, 당신과 당신의 그대, 우리와 너희, 그리고 기업과 고객 사이에서 역동적으로 움직이는 무엇입니다. 역동적으로 움직이며, '양편을 끊임없이, 끊김 없이 이어주는 것'입니다. 그렇습니다. '끊임없고ceaseless 끊김 없는seamless 관계', '끊끊한 관계'가 궁극적으로 베타가 지향하는 것입니다. 끊이지 않게, 끊기지 않게, 양편의 관계를 꺼지지 않는 불꽃으로, 살아 있는 연결로 만들어주는 무엇이 베타입니다.

쾌속, 중독, 지속

살아 있는 연결을 위해 베타가 구체적으로 추구하는 목표는

3개입니다. 이 책 전반을 관통하는 3개의 중요한 단어이기도 하고요. '쾌속', '중독', 그리고 '지속'이 그것입니다. '쾌속, 중독, 지속'을 통해 끊임없고 끊김 없는 관계를 얻고자 합니다. 자세한 얘기는 앞으로 이어질 3개의 장에서 하나씩 차분히 설명하겠습니다. '베타의 각성 첫 번째—완벽함을 잊자'에는 '쾌속'을, '베타의 각성 두 번째—훌륭함도 잊자'에서는 '중독'을, '베타의 각성 세 번째—오직 순간의 진실이다'에서는 '지속'에 대해 설명합니다. 앞서 사무엘과 사만다의 스토리에서 유달리 부각한 문장이 있었습니다.

> 사람은 자기를 기다리게 하는 자의 결점을 계산한다.
> 필요는 충족될 수 있지만 욕망은 충족될 수 없다.
> 순진한 자는 순간의 진실을 영원이라 믿는다.

완벽함을 잊으라는, 훌륭함도 잊으라는, 오직 순간의 진실을 외치라고 하는 문장들입니다. 다소 냉소적으로 들리겠지만, 냉엄한 현실에 기반한 말입니다. 냉엄한 현실을 냉정하게 대응하라는 말입니다. 그러기 위해서는 우선 냉정하고 냉엄하게 우리 스스로를 되돌아보아야 합니다. 지금까지의 관념을, 우리를 지탱하고 있는 원칙과 법칙을, 우리에게 부지불식간에 스며든 인식과 관습을 되돌아 살펴보아야 합니다. 되돌아보고, 그것들로부터 벗어나야 합니다. 그러자고 '각성'이라 이름 붙였습니다. 베타가 각성하든, 베타와 함께 각성하든, 한 번쯤은 각성해볼 때 아닙니까?

각성을 하면서 몇 가지 베타를 제안했습니다. 3가지 각성에 각각 3개씩입니다. '쾌속'의 베타 3개, '중독'의 베타 3개, '지속'의 베타 3개, 이렇게 총 9개의 베타가 등장합니다. 그런데 9개 중 마지막 베타는 요즘 워낙 핫하고 쓰임이 많아서 세분화했습니다. 세분화할 수밖에 없다는 표현이 맞을 것 같습니다. 그래서 마지막 베타를 4개로 나누었으니 (9-1)+4=12, 총 12개의 베타가 당신을 기다리고 있습니다.

각각의 베타에는 간략한 사례가 더해져 있습니다. 개인적으로는 기업 사례가 가득한 책을 좋아하지 않습니다. A기업이 어땠고, B기업에서는 어떠했고 등의 내용으로 그득한 두툼한 책은, 종종 지루하고 따분한 데다 의외로 현실적이지 않기 때문입니다. 우리 기업과 우리 모두는 상황이 제각각이라, 남의 얘기는 결국 남의 얘기가 되는 경우가 많거든요. 오히려 저는 핵심이 되는 메시지를, 이런 각도와 저런 각도, 이런 측면과 저런 측면으로 독자가 볼 수 있도록 공들이는 편입니다. 독자 스스로가 여건에 맞게 따져보고 따라 가보는 것이 훨씬 유효하다고 믿어서입니다. 여러모로 관련된 내용으로 살을 붙여 가급적 다양한 지식과 시사점을 주려 했습니다. 살을 꼭꼭 씹어 보세요. 당신과 당신의 기업에 베타를 적용하고 활용할 수 있는 방법이 스멀스멀 피어오를 것입니다.

그렇지만 간단하게나마, 비교적 최근 기업 사례를 베타의 종류와 역할에 맞게 구분하여 정리해놓았습니다. 그러면서 다시금 절실히 느꼈습니다. 이렇게 남의 케이스 중심으로 책을 쓰면 얼마나 편할까 하는, 얼마나 편하게 두툼하게 써내려갈 수 있을까 하는, 그런 요령 피우는 생각 말이죠.

덧붙이자면, 쾌속은 영어로(제대로 의미를 전달하고 있지는 않지만) 'Speed'라 할 수 있습니다. 중독은 'Addiction', 지속은 'Maintenance'(이것도 약간은 그렇고요)입니다. 굳이 한꺼번에 기억하자면 'SAM'이군요. 앞에서 개와 고양이 이름으로 쓴 '샘'이네요.

다음 장인 '베타의 완성―베타 전략'은 이 책을 경영전략서로 자리매김하게 해줄 수 있는 장입니다. 먼저 앞선 내용들의 정리가 선행되고, 다음은 베타의 전략적인 활용을 위한 개념 틀framework이 나타나죠. 정확히는 2개의 틀인데, 첫째는 '베타 프레임워크'입니다. '끊끊한 관계'를 지향하는 베타의 종류와 특성을 구분해주는 틀입니다. 물론 앞서 제시된 12가지 베타도 '베타 프레임워크'에 제자리가 있습니다. 베타들의 성향과 그 차이들을 조금 더 잘 이해할 수 있을 것입니다.

그런데 그게 다가 아닙니다. 학자들이 이론을 전개할 때 그토록 틀을 소중하게 생각하는 건, 있는 것들, 알고 있는 것들을 구획 나누려는 이유만이 아닙니다. 그 틀을 통해 새로운 것을 도출하라는 것이지요. 고급스럽게 말하자면 '추상화abstraction된 틀로 일반화generalization하라'는 겁니다. 암튼 당신의 상황, 당신의 기업에 적합한 새로운 베타를 도출하기를 바랍니다. '베타 프레임워크'가 유용하기도 바라고요.

두 번째 틀인 '베타 전략 프레임워크'의 효용성도 마찬가지입니다. 베타를 채택하여 베타 전략을 실행하는 데 고려할 요인을 한눈에 볼 수 있게 표현한 틀이지요. 전략적 의사결정을 동반하는 요인들로 구성한 프레임워크입니다. 단, 유의할 점이 있습니다. 앞의 문장에서 되새김해야 할 것은 '한눈에 볼 수 있게'입니다. 일목요연하니 일일이 조목조목 다루는 것과는 거리가 멉니다. 다시금 '개념 틀'의 효용과 한계를 직시하기를 바랄 뿐입니다.

'완성'이라는 단어가 주는 무게감을 견딜 만한 내용이 더 있습니다. 먼저, 베타의 존재와 역할을 더욱 뚜렷하게 형상화하기 위해서, '베타 트라이앵글triangle'을 제시했습니다. 이

율배반적이지만, 삼각관계가 주는 긴장감과 삼각구도가 주는 안정감이 동시에 살아납니다. 그리고 '베타 트라이앵글'의 근원이라 할 수 있는 '3R모델'도 나옵니다. 읽어보면 '3R모델'이 베타 전략의 이론적 배경이라는 것도 알게 될 것입니다.

베타 전략 실행에 활용할 수 있는 '기업역량 체계'도 제시했습니다. 그러나 진짜 주목해야 할 것은 '베타 전략 가이드라인'입니다. 베타 전략을 실행함에 있어 짚고 넘어가야 할 주요 사안들을 짚어줍니다. 기업과 고객, 양편 모두의 입장에서 따져보게 합니다. 짚어보고 따져보다 보면, 그리고 앞에 나온 장들의 내용을 기억하다 보면 차분히 정리될 것입니다. 물론 정리로 끝나는 게 아니라 베타 전략의 핵심을 파악하면서 앞으로 더 나아가게 도와줄 겁니다.

이 책을 발상의 전환이나 통찰의 기회로 활용하고자 하는 독자는, 또는 인간관계에 좀 더 주안을 둔 독자는, '베타의 완성―베타 전략'을 가볍게 훑어도 됩니다. 꽤 딱딱한 내용이니 너무 매몰되지 말고 그저 덤으로 받았다고 생각해도 좋겠습니다. 꽤 공들인 덤이기는 하지만요. 덤을 받았으니, 대신 부탁이 있습니다. 세상에 공짜는 없지요. 이 책을 읽는 동안 다음의 질문을 계속 유념해주었으면 합니다.

나의 소중한 상대는 누구인가?

끊끊한 관계를 맺어야 할 상대는 누구인가?

소중한 상대와의 관계에서 나의 베타는 무엇인가?

비즈니스 관계에서 우리 기업의 베타는 무엇인가?

무엇을 베타로 채택해야 하는가?

과연 어떻게 이 베타를, 베타의 전략을 실행할 것인가?

그리고 진짜 중요한 질문이 하나 남았는데, 어쩌면 가장 본질적인 질문입니다.

나는 왜 베타를 고민하고,

왜 베타 전략을 수행해야 하는가?

이 마지막 질문이 제일 크게 와 닿을 수 있습니다. 그러니 이 책을 읽고 있는 것이겠죠. 그러나 만일 베타의 각성과 완성까지 다 읽고 나서도 이 질문에서 벗어나지 못한다면 난감합니다. 그래서 보험 차원에서, 하지만 로또가 맞기를 희망하는 차원에서, 마지막 장을 준비했습니다. '변화를 어떻게 좇을지를 아는 능력'입니다. 꼭 읽어보세요.

우리가 체감하는 세상의 변화, 당신이 예감하는 세상의 엄청난 변화가 다시 한번 크게 느껴질 것입니다. 느낀 후에는 마음이 열리고, 열린 마음에 베타가 들어섭니다. 전혀 다른 세상에서는 전혀 다른 발상이 필요하고, 전혀 다른 발상의 전혀 다른 대응이 필요하다는 것을 다시금 알게 될 것입니다. 그리고 바로 그 순간, 찬란한 후광을 등에 업고 베타가 등장합니다. 당신의 마음을 헤집고 뒤집으며 베타가 들어설 것입니다.

뭔가 새로운 시각과 발상, 새로운 대응과 전략을 찾는 당신이라면, 그제야 질문에 답할 수 있을 것입니다. 앞으로의 세상에서 관계에 성공하고 싶다면, 새로운 세상에서 경영에 승리하고 싶다면 베타를 떠올리고 베타 전략을 활용해야 한다는 것도 알게 되겠지요. 그리되리라 믿습니다.

1부

[베타의 각성 첫 번째]

완벽함을 잊자

BETA STRATEGY

완벽한 당신, 완벽한 기업

"하나, 둘, 셋, 넷, 다섯."

"하나, 둘, 셋, 넷, 다섯."

아파트에 들어올 때마다, 현관문의 자물쇠를 잠그고 확인하고, 확인하고, 확인하는 소리입니다. 영화 '이보다 더 좋을 순 없다'에서 배우 잭 니콜슨이 분한 멜빈 유달은 까다롭기로 소문난 성격의 소유자입니다. 까다롭다는 표현만으로는 설명이 부족한 사람이죠. 강박증 혹은 편집증이라고도 할 수 있겠지만, 그의 까다로움과 까칠함은 일상에서 자신의 행위에 대한 기준이 너무 엄격하다는 데서 근원을 찾을 수 있습니다.

비누도 한 번 쓰고 버리고, 식당에 가도 자기가 준비한 일회용 스푼과 포크만 고집하는, 뭔가 결여된 사람처럼 보입니다. 하지만 유달은 사실 많이 갖춘 사람입니다. 베스트셀러 작가이며 모든 음악에 통달한 음악가입니다. 피아노 솜씨도 수준급이죠. 아파트의 소품이나 그의 외모 치장을 보더라도 수준이 느껴집니다. 그러니 까다롭고 까칠한 것이죠. 자신의 수준에 합당한 자신의 삶을 기대하니 까다로워지고, 자신의 수준에 걸맞은 남의 처신을 기대하니 까칠해지는 겁니다. 그러니 매일 "하나, 둘, 셋, 넷, 다섯."이나 세며 자신이 정한 수준의 완벽한 상태를 만들어야 직성이 풀리는 완벽한(?) 사람입니다.

완벽한, 아니 완벽을 추구하는 사람의 특성은 이렇습니다. 그들이 설정한 완벽한 상태가 되어야 마음이 편해지고 그제야 다음 단계로 자신 있게 나아가는 특성이 있습니다. 마음이 편해지기 위해서, 다음 단계로 가기 위해서, 그것도 자신 있게 나아가기 위해서 완벽을 추구하는 것이죠. 그러면서 점검합니다. 마음에 들 정도로 상태가 온전하고 완전한지 말입니다. "하나, 둘, 셋, 넷, 다섯." 이렇게요.

일반적인 사람들은 얼핏 보고 대충 체크해도 무난하게 받아들이고 앞으로 나아갑니다. 뭔가 빼먹고 빠뜨리는 일은 일부 꼼꼼하지 못한 사람들의 몫입니다. 정상적인 지각의 사람들은 얼핏 대충만 해도 대부분의 해야 할 일은 하고 넘어갑니다. 그런 식의 일 처리가 무난하다는 것을 경험을 통해 아는 것이죠.

그러나 완벽한 사람들이 용납하지 못하는 것은 바로 이 '대부분'입니다. 대부분의 경우, 즉 99%가 오케이라 해도, 나머지 1%를 떠올리며 얼핏과 대충을 경계하게 됩니다. 만일 그 1%의 경우가 일어나면, 만일 그 1%의 상황이 발생하여 대부분인 99%를 뒤덮고 완벽한 상태, 완벽한 자신을 망칠까봐 전전긍긍 노심초사하는 것입니다.

일류의 기업은 완벽한 제품을 만들려 합니다. 초일류기업은 최고로 완벽한 것을 만들려고 하겠죠. 일류기업, 초일류기업이라는 명색도 그들이 만들어낸 최고의 제품에 기인하는 것입니다. 흔히 말하는 '믿을 수 있는, 믿고 맡기는', 혹은 '월드 클래스, 글로벌 스탠더드', 다 그런 완벽을 형용하는 문구들이죠.

최고의 기업이니 최고의 제품과 서비스에 집착합니다. 최고가 완벽을 의미하니, 단 1%의 불량과 불만을 용납하지 못합니다. 노심초사합니다. 완벽하지 못하면 최고가 아니고, 최고가 아니면 일류가 아니고, 일류가 아니면 그간의 노력이 허사가 될 뿐만 아니라 시장과 고객이 등 돌릴까 봐 고심합니다. 1%는커녕, 0.1%, 0.01%의 불량을 없애기 위해 철저한 공정과 검수를 주창하고, 단 1명의 고객의 불만을 지우기 위해 철저한 고객 응대를 주창합니다.

하지만 잘 알 겁니다. 50%를 90%로 끌어올리는 것보다 90%를 95%로 올리는 것이 더 어렵다는 사실을. 하물며 99%, 99.9%, 99.99%로는 어떨까요? 완벽한 제품과 서비스를 위해 애쓰는 그들의 노력과 비용은 어떨까요? 만일 그 노력과 비용을 다른 곳에, 이미 만족한 고객과 시장에 쓸 수 있다면 어떨까요? 물론 압니다. 그 0.1%가, 0.01%가 나머지 전체를 뒤덮을 수 있다는 것도요. 하지만 상황과 경우에 따라 한 번쯤은 생각해볼 문제 아닐까요?

잠깐 이쯤에서 간단하게, 현대 기업경영 전략의 논지를 개괄해서 정리해보려 합니다. 불과 몇 페이지로 말이죠. 완벽하지는 않지만, 어차피 제가 경영전략의 대가도 아니니, 그저 90이나 99를 바라지 않는다면 이해하면서 한번 집중해보기 바랍니다. 조금만 시간을 내면 됩니다.

《베타의 요약 – 경영전략》

기업이든 조직이든 경영을 한다는 것은, 조직의 여러 자원을 조직의 목표를 달성하기 위해 관리하는 제반 활동을 의미합니다. 즉 경영의 직접 대상은 여러 자원입니다. 그렇다면 여러 자원이라는 건 무엇일까요. 대학 경영학과의 전공 분야를 살펴보면 대개 답이 나옵니다. 재무회계, 인사조직, 생산운영의 세 분야는, 기업경영의 3대 기본자원인 돈, 사람, 물자에 관한 것입니다. 종종 돈(자본)의 흐름, 사람(직무)의 흐름, 물자(생산)의 흐름, 이 3가지 흐름을 알면 해당 기업을 아는 것이라고 하지요.

이러한 흐름들은 결국 고객과 시장에 연이어져 있으니 이를 다루는 마케팅 분야가 있고, 이 흐름들을 원활하게 해주는 경영정보 분야도 있습니다. 요사이에는 기업이 획득한 기술을 관리하는 기술경영도 경영정보와 밀접하게 다루고 있고요. 그리고 이에 더해 이들의 중장기 전략적 방향을 다루는 경영전략까지, 흔히 경영학의 6대 분야라 할 수 있습니다.

결국 경영의 대상이 되는 경영자원은 돈, 사람, 물자를 포함해서 기업이 가지고 있는 기술과 정보시스템, 또 고객에게 인식되는 브랜드 등을 망라합니다. 당연하게도 쉽게 생각할 수 있는 경영전략의 방식은, 바로 이들 기업의 자원을 어떻게 잘 관리하느냐에 대한 것입니다. 이를 보통 '자원기반관점Resource-Based View, RBV 이론'이라고 하죠. 제이 바니Jay Barney가 대표적인 주창자이고요. 꼭 기업이 아니라도 개인이나 그 어떤 조직도 자기의 목표를 달성하기 위해 자신이 확보한 능력, 즉 자원을 먼저 고려해보는 것은 당연한 순서이지요.

RBV이론의 연장선상에서 우리에게 너무 익숙한 용어가 등장합니다. 코어 컴피턴스Core Competence, '핵심역량'입니다. 핵심역량은 프라할라드C. K. Prahalad와 게리 하멜Gary Hamel이 정립한 이론으로, 특정 기업이 보유하고 있는 타사에 비해 우월적인 내부역량, 즉 내부자원을 의미합니다. 기업의 기술이나 인재와 같은 핵심기량이 해당 기업의 경쟁우위를 가능케 하고 경쟁력 있는 사업을 창출하는 원천이 된다는 것이죠.

이러한 RBV와 상충하는 이론이, 유명한 마이클 포터 Michael Porter의 '전략적 포지셔닝Strategic Positioning, SP'입니다. 기업의 성공에 가장 중요한 요인은 내부자원보다는 기업이 위치한 해당 산업의 구조라는 주장인데, 그러니 기업의 경영전략의 초점은, 산업의 구조적 특성을 분석해서 어떤 산업에 기업과 기업의 사업을 위치시킬 것이냐에 두어져야 한다는 겁니다. SP이론을 상징하는 '5-포시스5-forces 모델'은, 기업이 추진하는 사업이 속한 산업에 존재하는 5개의 외부 힘을 잘 견딜 수 있으면 성공 확률이 높다는 것을 설명합니다. 견뎌내야 할 그 5개의 힘은, 기존 사업자, 대체재, 잠재적 진입자, 그리고 공급자와 구매자의 교섭력입니다. 이러한 산업구조는 명백히 기업 외부의 관점이므로 SP이론이 RBV이론과 대칭점에 있는 것은 당연하겠지요.

보스턴컨설팅그룹의 'BCG 매트릭스'도 SP이론과 궤를 같이한다고 할 수 있습니다. 이는 신규사업의 생명주기를 간결하게 나타낸 것으로 널리 알려져 있는데, 시작은 애매한 퀘스천 마크(?)로부터 한참 뜨는 스타star, 별도의 투자 필요 없이 돈을 벌어들이는 캐시 카우cash cow로, 그리고 마지막으로 사업을 접어야 할 상태인 도그dog로 구분하네요.

아무튼 RBV와 SP는 현대 경영전략의 사조를 양분했지만, 우리까지 논쟁에 끼어들 필요는 없다고 봅니다. 세상이나 비즈니스 환경이 그리 간단하지 않으니, 그냥 기업의 내부는 RBV로, 외부는 SP로 함께 고려함이 타당하겠죠.

이후에 주목할 만한 전략이론은 마이클 해머Michael

경영전략 오버뷰

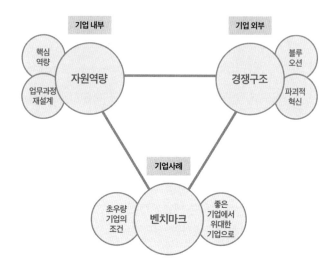

Hammer와 제임스 챔피James Champy의 '비즈니스 프로세스 리엔지니어링BPR'과, 김위찬과 르네 모보르뉴Renee Mauborgne의 '블루오션Blue Ocean전략'입니다. 둘 다 우리나라에서도 많은 기업들에 큰 반향을 일으켰다는 공통점이 있네요. BPR은 업무흐름을 분석하여 불필요한 과정들을 제거해서 프로세스를 단순화하는 업무 재설계 기법입니다. 기업의 각종 자원들의 효율적 활용에 무게를 두었으니 RBV에 근간이 있다 해도 무방합니다. 반면에 블루오션전략은 SP전략에 가깝다 볼 수 있는데, 경쟁이 우글거려 피 터지는 레드오션 Red Ocean에 머물지 않고 새로운 제품과 서비스로 경쟁 없는 푸른 바다로 나아가라고 합니다.

사실 말이 좋지, '무無경쟁시장'이라니요. 그러나 그럼에도 불구하고 블루오션전략이 각광을 받을 수 있었던 이유는 숨겨진 다른 요인이 있어서입니다. 엄청난 기술의 발전, 특히 눈부신 IT의 도약으로 인해 이전과는 다른 새로운 시장과 고객의 요구가 발생했고 이를 만족시키는 새로운 제품과 서비스의 개발이 가능해졌기 때문이죠. 그러한 시대적 상황이 블루오션전략을 경영전략의 블루오션으로 만들었던 겁니다.

아참, 클레이튼 크리스텐슨 Clayton Christensen의 '파괴적 혁신 Disruptive Innovation'도 빼놓으면 안 되지요. 일반적으로 우량기업들은 기존 제품과 서비스를 점진적으로 개선해 더 나은 성능을 원하는 고객을 대상으로 높은 가격에 제공하는 혁신을 추구하는데, 종종 새로운 기업이 단순하고 저렴한 제품 또는 서비스로 시장 밑바닥을 공략해 기존 시장을 파괴하고 시장을 장악하는 경우도 있습니다. 이를 '파괴적 혁신'이라 부릅니다. 대표적으로는 스마트폰을 제조원가 수준에 판매하는 전략을 채택해 세계 3위의 휴대전화 업체로 성장한 샤오미가 있습니다.

이러한 파괴적 혁신이 가능해진 계기는, 시장에서 통하는 저렴한 상품을 만들 수 있는 이유는, 물론 블루오션전략과 마찬가지로 경제성 있는 기술의 상용화가 가능해져서입니다. 하지만 파괴적 혁신 전략 역시 일부의 현상을 설명할 수 있으나 전체는 아닙니다. 고가의 정책을 고수하는 애플이나 삼성전자의 승승장구에는 해당이 되지 않으며, 기껏해야 그들에게 주는 경고 정도로 봐야 하겠죠.

정교한 학술이론이라 보기는 어려우나 현장의 경험에서 증폭되어 엄청난 공감을 일으켰던 책들이 있었습니다. 초대형 베스트셀러인《초우량 기업의 조건》에서 톰 피터스 Tom Peters 는 43개의 성공기업을 방문하여 그들의 공통점을 찾고자 했습니다. 다수의 성공적인 기업에게 공통적인 경영방식이 있다 하니, 이를 답습할 수 있다 하니, 그래서 그들과 같은 성공을 기대할 수 있다 하니, 이 얼마나 매력적인 제안입니까!

이런 방식으로 기업의 성공전략을 꿰차려는 시도는 짐 콜린스Jim Collins에게로 이어지는데, 그의《성공하는 기업들의 8가지 습관》, 그리고《좋은 기업을 넘어 위대한 기업으로》는 더욱 방대하고 체계적인 실증분석으로 전 세계 경영

가들의 마음을 흔들어 놓습니다.

그러나 이 우량기업 분석서들은 경영전략사에 길이 남을 시사점과 명언을 남겼지만, 그들이 추켜세우며 닮아야 한다고 내세운 성공기업들 중 일부가 몰락의 길에 접어들면서부터 그들의 명성도 빛이 바래져 갔습니다. 아무래도 '굿 투 그레이트good to great'는 쉽지 않은 모양이네요.

마무리하려는데, 문득 '플랫폼전략'이 떠오르는군요. 그렇지만 플랫폼전략은 엄밀히 말해 경영학자나 경영 컨설턴트에 의해 정립된 것은 아닙니다. 기차의 승강장이 기업의 전략으로 환생한 것은 GM의 자동차 생산방식에 힘입었고, 이후 MS나 애플 같은 IT기업의 개발전략으로 꽃피웠으니 경영전략 개요에서 일단은 빼도 될 듯합니다. 오히려 이 책의 다른 부분에서 또 등장할 테니 아쉬워하지 마세요.

기업의 경영에 관심이 없더라도 경영전략은 쓸모가 많습니다. 기업의 경영전략은 바로 개인의 인생전략으로 치환이 가능하기 때문이죠.

"당신의 핵심역량은 무엇인가요?" 이런 질문 받아보았나요? 남들과 차별화할 수 있는 자신만의 능력이 있다는 것이 세상을 살아가며, 남들과 관계하며 얼마나 긴요한지는 굳이 부언할 필요 없겠지요. 어차피 자신이 갖고 있는 자원을 적당히 활용하고, 주위를 둘러싼 환경을 적절히 고려해야 원하는 삶, 바라는 목표를 이룰 수 있지 않겠습니까. 즉 인생을 산다는 것은 다름 아닌 자신을 경영하는 것이니, 인생전략은 경영전략에서 배울 것이 많지 않겠습니까.

현대 경영전략을 얇게라도 짧은 시간 동안 훑어보니 다시금 확연히 다가오는 것은, 기업을 우량기업으로, 초우량기업으로, 심지어 '좋은 기업에서 위대한 기업으로'까지 몰아치고 있다는 느낌입니다. 치열한 생존경쟁이 기업의 현실인 것은 맞지만, 내부자원을 최적화해 업무프로세스도 개선해야 하고, 핵심역량도 키우고, 외부환경에도 최고의 입지에 블루오션도 쳐다봐야 하고, 파괴적 혁신에 대비하기도 해야 합니다. 날고 긴다는 최고의 기업들의 일거수일투족도 좇아야 하고요. 정녕코 더, 조금 더, 조금 더 더 완벽한 기업, 완벽한 제품과 서비스만이 기업이 살길일까요?

능력을 갈고닦고, 노력을 게을리하지 않고, 역량을 키우고, 핵심역량으로 남과 차별화하고, 남들과 사람들 사이에 전략적 포지셔닝도 하고, 종종 무경쟁 방법도 고민하고, 경쟁 없는 세상도 그려봅니다. 끊임없이 생활의 습관을 개선하고 삶의 방식을 재설계하고, 때론 치받는 타인과 후배도 물리쳐야 합니다. 대단한 선배와 멋진 롤모델의 행태도 닮아가야 하고요. 일상에서, 업무에서, 관계에서 정말 다 이렇게 해야만 할까요? 더, 조금 더 조금 더 완벽한 나, 완벽한 자질과 여건만이 살길일까요?

완벽함이 최고이자 최선이었던, A급이었고 일류였던 시대를 끝내고 완벽하게 달라지고 있는 새로운 시대에서 꼭 이렇게 해야 할까요? 완벽한 기업과 완벽한 당신만이 우리가 추구해야 할 길일까요?

'이보다 더 좋을 순 없다'의 잭 니콜슨은 1998년 아카데미 남우주연상을 획득합니다. 그해의 또 하나의 명작에서 신성으로 등장한 맷 데이먼을 물리치고요. 그러나 아카데미는 그 명작 영화를 섭섭하지 않게 대우합니다. 그 영화의 각본을 스스로 쓴 맷 데이먼에게 각본상을, 맷 데이먼과 천상의 조화를 보여준 로빈 윌리엄스에게 남우조연상을 안깁니다. '굿 윌 헌팅'입니다. 보셨죠?

여기서 잠깐, 상처받은 천재 역의 맷 데이먼에게 그를 감싸주는 선생 역의 로빈 윌리엄스가 하는 말을 들어보겠습니다.

"인간은 불완전한 서로의 세계로 서로를 끌어들여. 너도 완벽하지 않아. 네가 좋아하는 그녀도 완벽하지는 않아. 중요한 건 과연 서로가 서로에게 얼마나 완벽하게 맞아 떨어지는가야."

그렇다고 '이보다 더 좋을 순 없다'가 덜 좋다는 얘기는 아닙니다. 잭 니콜슨은, 아니 멜빈 유달은 역시 그해의 아카데미에서 여우주연상을 수상한 캐롤 코넬리 역의 헬렌 헌트에게 사랑을 느낍니다. 완벽을 추구하는 강박증을 가진 그에게 완벽하게 맞아떨어지는 완벽하지 못한, 그러나 몹시도 긍정적인 여자이지요. 완벽한 사랑이 영글어갈 때, 유달은 완벽하지 않게 된 자신을 발견하고 놀랍니다. 현관문의 자물쇠를 잠그는 것을 잊은 것이죠. "하나, 둘, 셋, 넷, 다섯." 하는 것을 잊은 것입니다.

"사람은 자기를 기다리게 하는 자의
결점을 계산한다."

완벽하면 좋지요. 완벽하면 나쁠 게 뭐 있습니까? 문제는 그 완벽함을 얻기 위해 잃는 것들입니다. 우리네 일상에서는 몸에 배어 있는 주의력만으로도 대부분의 경우 대부분이 커버됩니다. 대부분이 아닌 모든 부분이 커버되고 물 샐 틈이 없으려면, 하나도 빠뜨리지 않고 체크하고 또 체크해야 합니다. 완벽한 상태가 되기 위해 빠뜨리지 않고 꼼꼼히 점검하는 노력은, 사실 대부분이 커버되는 '쓱 한 번 훑기'보다 훨씬 더 큰 집중력이 필요하지요. 집중은 스트레스로 이어지고 스트레스는 다른 또 중요한 일들을 망치기도 합니다.

비행기를 타면 정말 대단하게 느껴집니다. 어떻게 저렇

게 내내 정갈한 자태, 상냥한 미소와 말투를 유지할 수 있을까? 같은 승객 입장에서도 보기 민망한 매너 없는 승객을 어찌 저렇게 친절하게 응대할 수 있을까? 승무원 얘기입니다. 꽤 오래전 한 승무원에게 들은 단어인데, MMP Million Mileage Person 와 VOC Voice Of Complaint 가 있다더군요. 승무원이 탑승하면 제일 먼저 들여다보는 고객명단인데, 특별히 신경 써야 하는 고객이라고 합니다. 백만 마일 탑승객이야 그렇다 치더라도 불평불만 많은 고객까지 특별히 신경 쓰라니요. 이해는 합니다. 완벽한 서비스, 완벽한 최고의 항공사가 되자면 그래야 하겠지요. 그러나 사람인지라 점점 지쳐가는 승무원의 얼굴을 지켜보면 상식적이고 선량한 다수의 승객들은 차마 이런저런 요청을 하지 못합니다. 그들이 항공사의 매출과 이익을 사실상 책임지는 고객들인데도요.

클레이튼 크리스텐슨의 '파괴적 혁신'은 저가의 제품이나 서비스가 기존의 시장을 뒤흔드는 현상을 지칭한 것이었죠. 마치 저가 항공의 등장과 호황처럼요. 그렇게 시장에 진입하는 저가의 상품이 가능해진 이유를 기술의 발전에서 찾을 수 있다고 말한 바 있습니다만, 한 가지 더 놓치지 말아야 할 이유가 있습니다. 바로 '과잉가치'입니다. 기존 상품의 과잉가치가 저가 상품에게 천재일우의 기회를 마련해준 것입니다.

시장을 선도하는 기업들은 최고의 고객과 최고로 까다로운 고객의 응대를 우선시하는 경향이 있습니다. 완벽해야 하니까요. 최고의 상품으로 경쟁에서 이기고 앞서가야 하니까요. 그러나 그 기업과 그 상품을 지탱해주는 대다수의 고객에게는 과잉일 수 있습니다. 그 과잉가치는 과잉인데도 불구하고 엄연히 상품의 가격에 부과됩니다. 다시 말하면, 필요하지도 않는 기능과 서비스를 위해 다수의 고객들은 과잉가격을 지불하고 있다는 것이죠. 왜 항공료가 비싼지, 왜 비즈니스석, 일등석 가격이 이렇게 천정부지인지를 설명하는 대목입니다. 왜 평범한 고객의 평이한 요구를 충족시킬 수 있는 충분한 상품이 저가로 제공될 수 있는지를 설명해주는 대목이기도 합니다.

이러한 현상을 조금은 깊숙이 들여다봐야 할 것 같습니다. 기업이 우선시하는 가치의 변천사에 대해서 말입니다. 이미 앞서 경영전략도 단숨에 독파했으니 이 정도는 괜찮겠지요.

《베타의 요약 – 기업 우선가치 변천사》

우리가 살아오고 겪어온 산업의 시대는, 단연코 '생산'의 시대입니다. 또한 생산하기 위한 물자도 생산으로 만들어진 물자도 유형인, 유형의 시대였습니다. 눈에 보이는 물자를 잘 가공해서 눈에 보이는 제품을 만들어 파는 것이죠. 물자들은 한정된 것입니다. 인류가 전쟁을 하는 이유도 이 한정된 물자들을 차지하려는 것이고, 산업시대의 승자들은 전쟁에서 승리하여 물자들을 선점한 나라들입니다.

물자가 귀한 시대이니, 기업들도 어떻게든 적은 재료로 많은 제품을 만들기에 혈안이 될 수밖에 없겠죠. 이를 '생산성productivity'이라 부릅니다. 산업시대를 꽃피운 1, 2차 산업혁명은 바로 생산성의 혁명입니다. 최소한의 투입물로 최대한의 산출물을 뽑아내는 '생산성'이 산업시대 기업의 우선가치로 자리매김된 건 당연합니다.

따져보면 생산성의 주안점은 기업 스스로에 국한되어 있습니다. 물건을 만든다는 것, 가급적 싸게 많이 만든다는 것은 어차피 기업 내부에서 벌어지는 일이니까요. 물자와 제품이 희박하던 시절에는 일단 생산적으로 생산해내는 것이 관건이니, 생산된 제품을 소비하는 기업 외부의 사정에는 상대적으로 관심이 덜 갔겠죠.

그러다가 '품질quality'이 대세를 쥡니다. 산업이 발전하고 기업이 융성하며 규모의 경제가 실현되어 생산성은 높아져갑니다. 기업들이 우후죽순 글로벌 시장에 진출해 제품의 글로벌 경쟁의 막이 오르고, 이제야 기업은 시장과 고객을 쳐다보기 시작하죠. 어차피 생산된 제품을 구매하는 건 시장이고, 경쟁하는 제품 중에서 선택을 하는 건 고객이니까요.

세계적으로 '품질'이 기업경영의 기치가 된 연유는 일본 자동차 산업의 부상에 기인합니다. 도요타 생산방식에 대한 미국과 일본의 꾸준한 관심과 진전으로 품질관리, 품질공학, 식스시그마가 태동했고, 생산방식을 넘어서는 전사적 품질관리와 품질경영으로까지 그 위세가 확대됩니다. 전사적 관리와 경영까지요. 하지만 비록 '품질'이라는 가치가 공장의 문턱을 넘기는 했으나 그 단어의 고향은 공장의 제조라인, 즉 기업 내부에 있는 것만큼은 분명합니다.

제품은 다양해져만 가고, 선택의 여지가 늘어난 고객의 기호와 요구는 더욱 다양해졌습니다. 그에 따라 본격적으로 기업이 추구하는 우선적 가치가 '고객 중심'으로 이동하게 되며, '고객이 왕'으로 등극합니다. 아직도 여기저기에서 흔하게 들리는 '고객만족'이 대표적인 슬로건이겠지요.

상품이라는 용어도 단순히 제품만을 의미하지 않고 서비스까지 포함하게 됩니다. 이제는 기업이 '생산성' 있게 만들어 '품질'을 확보하는 것도 모자라 '고객만족'까지 시

켜야 하는 것입니다. 쉽지가 않습니다. 왜냐하면 '생산성'
과 '품질'은 객관적이고 절대적인 기준이 엄연한 데 반해,
'고객만족'이나 '서비스'는 주관적이고 상대적이니까요. 이
제 완벽한 기업은 주관적이고 상대적인 고객의 마음을 사
로잡아 '고객만족'을 뛰어넘어 '고객감동'까지 이루어야
하는 형편이 되었습니다.

　'생산성'에서 '품질', 그리고 '고객만족'으로. 물론 아직
도 모두 유효한 용어이자 가치입니다. 오늘날 대부분의 기
업이 목매고 있는 목표이기도 하구요. 지금까지의 변천사
를 일괄하자면, 그 가치의 흐름은 분명코 기업에서 고객 쪽
으로 전환하고 있습니다.

기업 입장의 가치 변천

그러나 이쯤에서 꼭 생각해봐야 할 것이 있습니다. 아무리 기업이 고객을 쳐다보아도, 제아무리 기업의 우선가치가 고객을 향하더라도, 이 용어들은 모두 기업의 산물입니다. 만족한 고객에게도 '고객만족'이 생소하게 들리기도 하며, 고객은 '고객만족 대상'을 받은 기업에게 만족감을 전혀 느끼지 못하기도 합니다. 그저 완벽한 기업이 되고자 하는 몸부림 정도로 느껴집니다.

기본적으로 제품은 한 번 팔면 그만입니다. 재구매를 유도하기 위해 여러 형태의 노력과 고객서비스를 마련하지만, 기본적으로는 팔면 그만입니다. 어렵사리 고객이 찾아가고 연락해보는 고객서비스도 사실상 일회성입니다. 한 번으로, 일회성으로, 때론 생색내기로 준비된 고객서비스에 만족하고 감동하는 고객은 많지 않습니다.

이제 고객 입장에서 따져볼까요? '생산성'은 본디 고객과는 관련이 없습니다. 기업이 생산성을 제고하여 이익을 올리는 것이 고객과는 무슨 상관입니까? 오히려 이익을 낮춰 저가의 제품이나 서비스를 제공하는 기업에 '파괴적'으로 열광한다고 크리스텐슨은 강조하지 않았던가요. '품질'도 그렇습니다. 대형 마트에 가보세요. 그만그만한 품질의 제품은 넘치고 넘칩니다. 온라인으로, 해외 직구로 구할 수 있는 전 세계의 품질 좋은 물건은 차고도 넘칩니다.

고객이 진정으로 만족하고 감동할 만한 것을 다른 곳에서 찾아야 할 때입니다. 허울 좋은 '생산성'과 '품질'도 아니고 허울뿐인(?) '고객서비스'도 아닌, 다른 것에서 찾아야 합니다. 새로운 세상에서 고객에게 선사해야 할 것은 무엇일까요? 진실로 고객이 왕이라면, 새로운 세상에서 고객을 위해 기업이 마련해야 할 새로운 가치는 무엇일까요?

다소 진부하지만 들어보세요. 진부하다면, 진부하리만큼 '팩트'라는 얘기 아닐까요? 현재의 세상에서는 우량기업이 우량 제품을 내놓고 서비스를 제공해도 고객은 시큰둥합니다. 그 정도야 너무 흔하니 감흥이 없죠. 초우량기업이 초우량 상품을 펼쳐보아도 고객의 기준으로는 초우량이 아닙니다. 초격차? 초격차를 성취한 기업은 '격'이 다르지만, 그 격으로 고객이 감동하는 것은 아닙니다.

그 모든 이유는 너무 다양하기 때문입니다. 우량, 초우량 상품도 다양하고, 그 상품을 선택하는 고객도 다양하고, 한 명 한 명의 기호도 그때그때 다양합니다. 가성비, 가성비 하지만, 가성비를 구성하고 있는 '가격'도 여기저기에서 시시각각 천차만별로 다양하며, 고객이 느끼는 '성능'도 천양지차로 다양합니다.

세상은 너무 빨리 변하고, 그 속도는 더욱 빨라지고, 상품의 다양성과 다양성이 겹쳐지고, 고객의 다양함과 다양함이 증폭되어, 기존의 가치들이 무색해져 가고 있습니다. 과연 우리는 무엇을 추구해야 할까요?

세상의 성향과 고객의 취향이 빠르게 변하니 '스피드$_{speed}$'라 할까요? 옳기도 하고 맞기도 합니다. 그런데 왠지 또 진부하게 들리네요. '스피드 경영', '실시간 기업$_{Real-time\ Enterprise}$', 이런 표현도 이미 심심치 않게 들었으니까요. 스피드가 있으면 변화의 속도를 따라갈 수 있겠지요. 그렇지만 항상 스피디하게 뛰고 날아야 하는 건 아닙니다. 너무 빨라도, 너무 앞서도 낭패를 보는 경우는 많으니까요. '스피드'가 답이긴 한데, 뭔가 모자란 듯합니다. 그 뭔가가 대체 뭘까요?

그렇다면 '타이밍$_{timing}$'은 어떤가요? 최고입니다. '인생은 타이밍이다'라는 말도 있죠. 그때그때, 시시각각, 적시에 다양성을 맞춰낼 수 있다면 최선이겠지요. 그럴 수만 있다면요. '타이밍'이 '스피드'와 근본적으로 다른 점은 이것입니다. '스피드'는 속도를 내는 또는 내야 하는 이의 단어지, 그 속도를 내야 하는 이유, 즉 대상에 대한 고려가 미흡합니다. 기업은 이래저래 스피드를 내겠지만 고객의 입장이 도드라지는 단어가 아니라는 것이죠. 그래서 '스피드'는 답이지만 정답은 아니라는 것입니다.

하지만 '타이밍'은 다릅니다. 적시에, 누군가가 혹은 고객이 필요할 때 스피디하게 응대하는 것이 타이밍입니다. 타이밍은 속도를 내야 하는 이유, 즉 대상을 위한 단어죠. 그런데 난감한 것은, 혹시 '타이밍'이라는 제목의 논문이나 전문 서적을 본 적 있나요? 아마 없을 것입니다. 타이밍이라는 것은 절대 논리나 법칙으로 성립되는 것이 아니거든요. 너무나 많은 환경, 상황과 여건을 고려해 적시, 적소에 맞아떨어지게 하는 것이 타이밍이다 보니 이렇다 저렇다 일반적인 법칙과 논리를 주창하고 표방하기가 절대적으로 어렵습니다. 감히 베타도 쉽사리 넘볼 수 없는 가치입니다.

베타 전략에서 강조하는 부분은 좀 더 현실적인 접근입니다. '스피드'와 '타이밍'을 아우르고 이들의 차이를 직시하면서, 더 실천적인 방안을 강구하기 위해 좀 더 세분화해보겠습니다. 베타가 추구해야 하는 가치, 베타가 각성하고 매달려야 할 그것은, 바로 '기다리지 않게 함'입니다.

기다려본 적 있죠? 사람을 기다리고, 누군가에 의한 무엇을 기다린 적 있죠? 약속장소에 나타나지 않고 기다리게 한 사람은 전화나 톡을 합니다. 이렇게요. "차가 막혀서", "주차

장이 붐벼서", "일이 덜 끝나서", "일이 막 끝나서" 등등. 그리고 덧붙입니다. "최대한 빨리 갈게요." 최대한 스피디하게 온답니다. 그러면 우리는 이런 대답을 보냅니다. "천천히 조심히 오세요." 인자하고 예의 바르게 답은 했지만, 이해한다는 식으로 말은 했지만, 사실은 이해하고 있지 않습니다. '그러면 제때 출발하고, 적당히 일할 것이지….' 입에는 불평이 흘러나오고 마음에는 불만이 피어오릅니다. 머리에는 그간의 유사한 상황이 무럭무럭 떠오르고, 안 좋았던 기억들이 차곡차곡 쌓입니다. '아, 이 사람은 정말….'

음식점에서, 은행에서, 운동장에서, 각종 공공장소에서 기다립니다. 주방을, 계산대를, 창구를 쳐다보며 일 처리하는 사람을 물끄러미 바라보며 생각합니다. '왜 저렇게밖에 못하지….' 아세요? 줄 서서 기다리는 사람들은 대부분 팔짱을 끼고 있다는 사실을요. 팔짱으로 가리는 가슴속에서 무슨 생각을 하고 있는지는 잘 알겠지요. 고객센터와 연결되기를 기다리고, 주문한 물건 도착하기를 기다리고, 신제품이 나오기를 기다리고…, 기다리는 동안 무슨 생각을 하세요?

그럴듯한 얘기 하나 해드릴게요. 요즘은 누구나 문자와 톡을 많이 합니다. 많이 하는 정도가 아니라, 대화보다 더 편하고 익숙하다며 톡을 더 많이 하는 사람도 많습니다. 톡을 주고받을 때, 상대에 대한 친밀도에 따라 남자와 여자의 응답 패턴이 상이하다고 하네요.

특히 남녀 사이의 주고받는 패턴에서 극명한 차이를 보이는데요. 남자는 상대 여자가 마음에 들수록 문자를 '많이' 보내고, 여자는 상대 남자가 친밀할수록 답을 '빠르게' 보낸다고 합니다. 어떠세요? 만나는 남자가 톡을 많이 보내나요? 만나는 여자가 답을 빨리 보내나요? 바빠서 그랬다고, 너무 바빠서 늦었다고 그러나요? 저도 진짜 바빠 봐서 아는데, 아무리 바빠도 꼭 할 것은, 해야 할 것은 다 할 수 있습니다. 누군가 당신에게 "바빠서 그랬다."고 말한다면 그것은 "너는 나에게 최우선이 아니야." 또는 "너의 일은 나에게 우선순위가 그다지 높지 않아."라는 의미입니다. 어쨌든 관계에서 누가 누구에게 더 마음이 가 있는지, 때론 집착하는지의 척도가 됩니다. 재미있지 않나요?

소통의 문제, 관계의 문제에 대해서는 여자가 남자보다 한 수 위라는 사실은 많이 알려져 있습니다. 여자들이 더 관계 지향적이라는 것이죠. 어쩌면 연배 있는 남자들이 대인관계의 폭이 넓어지고 여유가 깊어지는 이유도, 나이가 들수록 여성호르몬이 증가하기 때문 아닐까요? 남자로서 별로 인정하고 싶지는 않지만요. 어쨌든 관계에 대해서는 남자들이 여자들에게 배울 점이 많은데, 여자들의 관계학의 정수는, 특히 친밀한 관계 사이에서의 핵심은 '기다리지 않게 함'입니다. 친한 여자 친구들끼리 대화하는 것을 들어보았을 것입니다. 상대의 말이 끝나기도 전에, 상대가 기다리기도 전에 응답을 먼저 합니다. 상대 남자가 마음에 들고 그 마음에 확신이 든다면 여자는 기다리게 하지 않습니다. 톡으로, 말로, 끄덕임으로, 때론 눈빛으로라도 답을 보냅니다. 답이 제때 오지 않고, 무덤덤한 표정이라면 '아직'이라는 신호겠죠.

'10번 찍어 안 넘어가는 여자 없다'라는 다소 구식 속담이 있습니다. 남자는 '8번', '9번', 숫자를 셉니다. 여자가 걸터앉은 나무를 도끼로 몇 번을 찍었는지 세어가며 기다리는 거죠. 여자는 나무 위에 앉아 도끼질하는 남자를 지켜봅니다. 몇 번을 찍었는지가 아니라 몇 번이고 계속해서, 중간 중간에 기다리지 않게 꾸준하게 찍고 있는지를 보고 있는 것입니다. 역시 기다리고 있는 것이죠. '기다리지 않게 함'이 소중한 관계의 철칙임을 아는 여자들은 본인이 몸소 기다림으로써 남자에게 기회를 줍니다. 9번 찍고 나서 '9번이나 찍었다'고 투덜거리며 돌아서는 남자를 여자들은 안타깝게 혹은 한심하게 생각합니다. 기다린 입장에서 결국은 기다리지 못한 남자의 한계와 결점을 차분히 각인합니다.

사람은 자기를
기다리게 하는 자의
결점을 계산한다.

'기다리지 않게 함'이 중요합니다. 기업에게 고객이, 당신에게 상대가, 내게 네가 소중하고 중요하다면 기다리지 않게 해야 합니다.

지금까지 내내 완벽은 어렵다고 침 튀기며 말했습니다. 그렇다고 완벽한 기업과 완벽한 당신이 되지 말라는 얘기는 아니었습니다. 당연히 완벽하면 완벽하죠. 요점은 완벽해질 수가 없다는 것입니다. 어렵기도 할뿐더러 완벽해졌다 할지언정, 그 완벽은 오래가지 못합니다. 간혹 외국영화에서 들리는 대사, "You are so perfect to me!" 당신은 내게 완벽하다지만 그러고도 싸우고 헤어지는 것이 실상이잖아요.

완벽한 '스피드'라는 것은 원래 없고, 완벽한 '타이밍'이라는 것도 원체 어렵습니다. 베타는 '기다리지 않게 함'으로써 보다 현실적으로 접근하려 합니다. 베타가 각별히 귀담아들어 각성하게 한 문구가 왼쪽에 있습니다. 프랑스 속담입니다. 눈으로 보지만 말고 한번 소리 내어 읽어보길 권합니다.

어떤가요? 기다려본 적 있다고 했죠? 기다릴 때 치밀어오른 마음을 기억해보길 바랍니다. 아니, 이해심과 도량으로 충만했던 마음 말고요.

나는 너에게, 쾌속

근자에 북유럽을 짧고 굵게 다녀왔습니다. 짧은 건 짧게 다녀왔으니 그렇고, 굵은 건 지워지지 않을 굵은 인상을 받아서 그렇습니다. '스칸디나비안 스카이Scandinavian sky'라는 문구를 종종 문학이나 예술작품, 팝송에서 들어보았는데, 아, 그게 무엇인지 알았습니다. 파랗다고만 하기에는, 단지 진하게 파랗다고 하기에는 너무 맑고 청명한 파란 하늘이었습니다. 맑으면서도 진한 하늘에 카메라만 들이대도 작품이 탄생합니다. 게다가 하늘 아래 유럽풍(하긴 유럽이니까요) 건물과 그 자락이 드러누운 바닷물까지 겹쳐지면 그대로 한 폭의 그림입니다.

상큼한 공기를 들이키며 방문한 헬싱키의 첫 기착지는 시벨리우스 공원. 핀란드의 국민 작곡가 장 시벨리우스Jean Sibelius를 기리는 공원이고, 자연스레 그의 동상도 볼 수 있는 곳이죠. 장중하고 약간은 괴팍한 얼굴은, 음울하게 울부짖는 금관악기로 시작하는 그의 교향시 '핀란디아'와 딱 어울리더군요. 현지 가이드의 설명으로, 시벨리우스는 자신의 동상을 찾은 핀란드 사람들에게 준엄하게 가르치고 있다고 하네요. '신중하게 생각하고 행동하라'고요. 그래서 그런지 핀란드 사람들의 표정은 전반적으로 무거워 보였습니다. 우리보다 면적은 3배 이상 넓으면서 인구는 550만 정도니, 길고 긴 겨울에 살 비비고 맞댈 인간관계가 그리 많지 않아서 그러겠지요.

발트해를 배로 가로질러 도착한 스톡홀롬은 관광도시여서인지 어느 정도의 활달함이 느껴졌습니다. 스톡홀롬에서 관광객이 가장 많이 몰리는 장소는 바사박물관입니다. 바사Vasa는 스웨덴의 가장 오래된 목조전함으로 길이가 70m에 달하는, 당시에는 매우 거대한 배였습니다. 무려 64개의 대포를 실은 채로 성대한 진수식을 열고 출항했으나, 대포의 무게를 견디지 못하고 항구를 벗어나지도 못한 채 침수됩니다. 333년이 지난 후에야 인양되고 복구되어서 지금까지 전시되고 있습니다. 침몰했던 장엄한 배를 보고 있자니 준엄한 마음을 금할 수 없었습니다.

이어 방문한 스웨덴 왕궁박물관에서야 그 준엄함이 주는 무게감이 무슨 의미인지를 깨쳤습니다. 갑옷 기마에 올라탄 갑옷 두른 기사의 모형을 보면서요. 저렇게 무거운 갑옷을 온몸에, 말에 두르고 무거운 무기를 양손에 부여잡고 도대체 어떻게 전투를 한단 말인가? 어떻게 스피디하게, 타이밍 맞춰 달린단 말인가? 갑자기 칭기즈칸이 생각났습니다. 가벼운 차림의 말과 군장으로 무장한 그의 군대가 비교되었습니다. 단숨에 유럽을 석권한 날렵한 비결이 무엇인지를 이해하자 고개를 끄덕이지 않을 수 없었습니다. 신중하고 무거운 북유럽 사람들의 표정과 다량의 대포의 무게를 견디지 못하고 가라앉은 바사호를 조롱하듯, 몽골인들의 웃음소리가 들리는 것 같았습니다.

완벽해지려는 것은 일종의 욕심입니다. 완벽하기 위해서, 완벽한 자신을 위해서 과욕을 부리는 것인지 모릅니다. 갑옷을 하나 더, 대포를 하나 더 장착합니다. 신중하게 생각하고 또 하나 더 장착합니다. 그리곤 외칩니다. 왕국과 국민을 위해서라고. 다 왕과 왕국의 승리를 위해서라고. 또 외칩니다. 상대를, 고객을 위해서라고. 생산성과 품질을 위해서, 고객만족을 위해서라고.

하지만 완벽한 당신, 완벽한 기업이라면 생각해보세요. 꼭 그렇습니까? 어느 순간이 되면 스스로의 성화에 못 이겨 95%, 99%, 99.9%로 끌어올리기 위해 '하나, 둘, 셋, 넷, 다섯' 세고 있지 않나요? 상대는 별로 바라지도 않는 친절과 헌신에 애쓰고 있지 않은지요? 고객이 원하지도 않는 첨단기능과 감동서비스에 매진하고 있지는 않은지요? 혹시 그것이 고객만족이 아니라 자기만족은 아닌지요? 그래서 당신과 당신의 상품은 계속 무거워지고, 무거워져서 가라앉을 지경이 되고 있지는 않은지요?

더욱 심각한 사실은 완벽한 당신과 당신의 기업이 애쓰는 고초가 오롯이 당신과 당신의 기업에만 머물지 않는다는 것입니다. 당신의 노력은 버젓이 상대에게 부담으로 요구될 것이며, 당신 기업의 노력 역시 버젓이 가격으로 청구될 테니까요. 이래저래 세상에는 공짜가 없는 법이니까요. 명심해야 합니다. 당신의 최선이 상대에게는 최선이 아닐 확률이 훨씬 더 높다는 사실을요. 그러니까 완벽을 위한 당신의 최선은 고객에게는 최선도 차선도 아니며, 반사되어 오는 헛심은 오히려 당신의 완벽함을 무너뜨리는 최고의 방법이 될 수 있다는 사실을요.

칭기즈칸도 나오고 앞서 프랑스 속담도 나왔으니, 이쯤에서 중국 속담 하나 소개할게요. 음미해보세요. '강물의 깊이를 가늠할 때 두 발을 모두 사용하는 우를 범하지 말라.'

아직 와 닿지 않나요? 이런 베타의 주장에 귀 기울이고 마음으로 다가가야 하는 이유는, 바로 지금이 '무형의 시대'이기 때문입니다. 지나간 산업시대는 '유형의 시대'라 했죠? 자원도, 물자도, 제품도 눈에 보이는 물건들이니 마땅히 한계가 있습니다. 제품을 사는 시장과 고객도 눈에 보일 정도로 뻔했으니 한계가 있고요. 눈에 보이는 것들은 유형이고, 유형인 것들은 눈에 보이는 물건의 이치, 즉 물리의 법칙에 지배받습니다. 그러니 정확한 물리적 한계가 있는 것이지요.

눈에 보이는 뻔한 것들은 알기 쉽습니다. 뻔한 물리적인 세상에서 물리적인 법칙 역시 알기 쉽습니다. 친구 얼굴 볼라치면, 영화 한 편 볼라치면, 먼 길은 차 타고 가까운 길은 걷습니다. 거리에 따라 대충 시간이 나옵니다. 물건을 사려면 매장에 오가는 시간이나 택배 오는 시간을 계산하면 됩니다. 대략의 속도를 압니다. 우리가 알고 있는 물리적인 거리에 시간을 나누면 속도가 또렷이 나옵니다. 그 속도가 바로 우리의 삶의 속도였고 유형의 시대인 산업시대의 속도였던 것이죠.

하지만 이제는 아닙니다. 과거에 익숙했던 속도감을 버려야 합니다. 그 속도는 이제 아닙니다. 얼굴 보는 것은 영상통화를 켜면 되고, 영화는 스트리밍하면 됩니다. 물건 사는 데 소요되는 시간의 대부분은 배달 시간이고, 배달조차도 '로켓배송', '새벽배송'을 외치며 그간의 시간관념을 거부합니다. 콘텐츠나 소프트웨어 구매는 배달도 필요 없고요. 음반은 애플이, 비디오는 넷플릭스가, 책은 아마존이 해체하면서 유형은 무형으로 바뀌어갑니다. 하드웨어보다 소프트웨어가 더 비싸지며, 유형보다 무형의 가치가 높아져갑니다. 세상이 디지털로 바뀌고 인터넷으로 연결되며 '무형의 시대'가 시작되었습니다. 이제 그동안에 익숙했던 거리감과 속도감은 잊어야 합니다. 여지를 주는 물리적인 거리, 여유를 주는 물리적인 속도, 그 감각은 잊어야 합니다.

그렇다고 무조건 더 빨리, 최고로 스피드를 내라는 건 아닙니다. 그럴 수도 없고 그럴 필요도 없으니까요. 최고의 스피드 또한 완벽한 기업이 내건 또 하나의 완벽한 슬로건일 뿐입니다. '빨리, 더 빨리'를 위해 많은 것을 희생하고, '빨리, 더 빨리' 때문에 많은 것을 간과합니다. 너무 빠른 것도 문제이고, 너무 빨리 하려는 것도 문제입니다. 딱 적당한 속도가 적당하겠지요.

허나 '적당한 속도'라는 것이 말은 쉽지만…, 여기 나온 '적당한'은 결코 쉽게 정의할 수가 없습니다. 하지만 한 가지 확실한 것은, 그 '적당한'이 절대로 완벽한 당신이나 완벽한 기업의 입장에서 '적당한'이 아니라는 것입니다. 당신의 상대, 당신 기업의 고객 입장에서 '적당한'이어야 합니다. 상대와 고객이 느끼는 적당한 정도의 속도입니다. 당신과 당신의 기업이 완벽함을 포기하면서 추구해야 할 속도이자, 상대와 고객으로 하여금 '기다리지 않게 함'을 담보할 만한 속도입니다.

저는 이것을 '쾌속'이라 부르려 합니다. 완벽함을 잊은 베타가 추구해야 하는 가치인 '쾌속'입니다. '쾌' 하면 누구나 떠올리게 되는 각운이 있죠. '유쾌, 상쾌, 통쾌.' 유쾌하고 상쾌하고 통쾌한 표현입니다. 지금까지의 맥락을 쫓아왔다면 수긍할 수 있으리라 기대합니다. 그냥 '속도'가 아닌 '쾌속'은 '유쾌-상쾌-통쾌'한 속도입니다. 그리고 '유쾌-상쾌-통

기다리지 않게 함, 쾌속

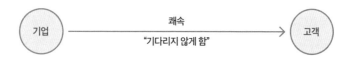

　　　　　　　　　　　　　　　　　1부 베타의 각성 첫 번째

쾌'한 이는 속도를 내는 사람, 즉 당신이나 당신의 기업이 아 닙니다. 당신과 당신의 기업이 그렇게 '완소'하다고 천명한 상대와 고객의 느낌입니다. 이렇게 각운으로까지 반복해 강 조한 '쾌'는 바로 상대와 고객 입장에서 '쾌'한 속도를 의미 합니다.

잊으세요. 완벽함을 잊으세요. 완벽함을 잊는 대신 기억할 것은 '쾌속'입니다. 그냥 스피드가 아니라 상대가 기꺼워하 는 속도, 이것을 강구하고 갈구해야 합니다. 혹시 전혀 새로 운 용어나 개념을 기대했나요? 어차피 저도, 이 책도 완벽함 을 포기하기로 했으니 무난히 인정해주기를 바랍니다. 나는 너에게, 당신은 상대에게, 당신의 기업은 고객에게 '쾌속'이 어야 합니다. 완벽함을 잊기로 했으니 너무 까다롭고 까칠해 지지 말고, 강조하는 점만 기억해주기를 바랍니다. '쾌속', 상 대와 고객을 기다리지 않게 할 정도의 적당한 스피드입니다.

이제 완벽함을 잊은 베타의 목적이 뚜렷해졌습니다. 베타 는 당신을 상대에게, 기업을 고객에게 다가서게 합니다. 그 렇다고 상대와 고객에게 아무 때나 다가서는 것이 아닙니다. 그들이 바라보고 원할 때 다가가는 것입니다. 당신을 붙잡고, 기업을 끌어 잡고 상대와 고객이 기다리지 않게 다가갑니다. 베타의 존재를 가시화하고, 베타의 역할을 구체화하기 위하

완벽함을 잊자

쾌속의 베타

기업 ——"쾌속"→ β → 고객

여 앞의 그림과 유사한 또 하나의 그림을 보여드립니다. '쾌속'을 외치며 베타는 기업을 고객에게 다가서게, 다가가게, 뛰게 하고 있습니다.

과연 어떤 베타가 있을까요? 과연 어떠한 방식으로 베타의 역할을 수행할 수 있을까요? 어떻게 제품을 개발하고 어떻게 서비스를 설계해야 고객을 기다리지 않게 할 수 있을까요? 그러기 위해서 과연 어떤 베타를 채택하고 활용해야 할까요? 당신에게, 우리의 기업에 적합한 '쾌속'의 베타에는 무엇이 있을까요. 이제 그것이 남은 문제입니다.

이제부터 당신이 상대에게, 기업이 고객에게 '쾌속'을 선사하는 베타를 몇 가지 소개하겠습니다. 피상적 다양, 제한적 다양, 절제적 호의, 이렇게 3가지 형태의 베타입니다. 각각의 베타에 대한 설명과 사례는 '기업-고객' 관계 중심으로 서술됩니다. 그러나 이러한 베타와 베타의 활용이 비단 기업과 고객 사이에만 국한되지 않음은 쉽게 이해할 것입니다. 비즈니스에서 여러 이해관계자 간의 관계뿐 아니라, 다양한 인간 관계와 조직관리에도 적용할 수 있습니다. 완벽함만 바라지 않는다면 꽤 효용이 있으리라 여겨집니다.

새로움을 포장하라 – 피상적 다양 베타

포장이라는 용어가 다소 피상적이지만, 때론 피상만으로도 새로움을 줄 수 있다는 것은 명백합니다. 일본에 가서 뭔가를 사보셨다면 공감할 것입니다. 무슨 포장에 그리 공을 들이는지. 사실 내용물은 거기서 거긴데 포개고 묶은 포장에 디자인도 예쁘고 색감과 글자도 강렬합니다. 감탄이 절로 나옵니다. 앞서 강렬했던 북유럽이나 일본은 디자인과 포장의 강자죠. 부러운 마음으로 깨닫습니다. 포장은 상품을 둘러싼 포장에 그치는 게 아니라, 그저 상품 자체라고.

아세요? 우리나라가 전 세계적으로 유교 정신이 제일 뿌리 깊고 드높은 나라라고 합니다. 유교의 본고장인 중국보다 더합니다. 중국에 가보면 알겠지만 생각보다 그리 유교적이지 않잖아요. 아마도 유교의 영향 때문인지 우리나라 어르신들은 화려한 겉치레에 대한 경계가 유난합니다. 하지만 우리의 겉도 우리이고, 상품의 겉도 상품입니다. 예쁘게 치장한 사람이 예쁘고, 멋지게 포장된 상품이 멋집니다. 알맹이는 없고 겉만 뻔지르르한 게 문제지, 겉모습 자체가 문제는 아니지요.

포장이 상품 자체라면 포장이 주는 의미는 각별해집니다. 겉모습도 모습이라면 겉치레의 의미는 각별합니다. 완벽한 변화와 변신을 하지 않더라도, 큰 노력과 비용 없이도 새로움으로 무장할 수 있기 때문입니다. 소비재일수록 포장으로 주는 새로움의 효용성이 큽니다. 어차피 내용물은 곧 소비되어 사라질 테니 겉치레로 고객에게 어필하고 경쟁상품을 앞지르자는 이유겠죠. 생각해보세요. 소비재이건 내구재이건 우리는 포장으로 물건을 대하고, 포장을 보며 선택합니다. 사람에게도 첫인상이 중요하듯이, 어느 순간 우리에게로 다가온 것은 상품의 내용물 이전에 포장입니다.

피상적으로든 표층적으로든 새로움을 주는 방법을 찾아야 합니다. 포장이나 포장지가 중요하다는 얘기가 아니라는 것쯤은 알고 있겠죠. 상대에게, 고객에게 새로움을 주어야 하는 것은 그들이 '기다리지 않게 하기' 위해서입니다. 뭔가를 기다린다는 것은 현재 상태의 변화를 바란다는 뜻입니다. 누군가를 기다리며 홀로 있는 지금 상태에 변화를 바란다는 뜻입니다. 누군가는 늘 똑같았던 나, 늘 같았던 상품의 모습에 변화를 원한다는 뜻입니다. 상대와 고객을 기다리지 않게 하려면 새로움으로 포장해야 합니다. 완벽함을 요구하지 않는 효율적인 새로움으로 말이죠.

하지만 모든 것에 변화를 주기는 어렵습니다. 근본적인 것을 바꾸고, 뼛속까지 바꾸기는 현실적이지 않습니다. 변화를 바라는 상대와 고객을 기다리지 않게 하려면, 어떤 접근이 현실적일까요? 새로움으로 포장해야 합니다. 피상적인 다양성을 구비해야 합니다. 피상적 다양의 베타를 마련해서 변화의 속도를 좇고 쾌속의 요구를 충족시켜야 합니다. 효율적인, 완벽함을 요구하지 않는 효율적인 새로움으로 말이죠.

예를 들어볼까요. 고객을 대하는 데에 있어 변화에 응하는 속도감을 최우선으로 여겨야 하는 산업은 뭐니 뭐니 해도 패션산업입니다. 1주일에 2번씩 신상품이 나오고, 이 새 옷들이 1주일 동안 잘 팔리지 않으면 매장에서 모두 빼고 추가주문을 취소해버립니다. 팔리는 옷도 4주 이상은 매장에 진열하지 않습니다. 자라ZARA의 이야기입니다. 창업자 스페인의 아만시오 오르테가Amancio Ortega Gaona가 주목한 것은 시간, 즉 고객에게 다가가는 속도이지요. 기존 의류 브랜드가 기획부터 제품화까지 소요하는 시간은 보통 5~6개월이지만, 이 정도의 시간은 패션, 즉 유행의 본질에 크게 어긋난다고 보고 '패스트 패션' 시스템을 구상합니다. 고객의 취향을 분석하고 제품을 기획하고 제작하는 데 단 2주가 소요되는 시스템을 완성하며 자라는 날개를 달고 비상한 것입니다.

말이 쉽지요. 짧은 시간에 고객의 반응을 수렴해서 상품까지 만들어내는 것은 모든 기업의 염원입니다. 할 수만 있다면요. 자라의 성공은 잘 알려진 것 외에도 여러 가지 배경이 있습니다. 디자인에 집중한 전략(자라 의류의 품질은 가격이 저렴한 만큼 좋지 못합니다), 세계에 통하는 유럽의 디자인 수준, 중저가 디자인을 타깃으로 한 디자이너 풀과 디자인 뱅크 운영 등도 무시 못 할 요인입니다.

그러나 무엇보다도, 패션의류는 철저한 유행상품이자 소모상품이라는 점에 착안한 '피상적 다양'을 제공하고 있다는 게 중요합니다. 요즘은 고가의 명품 옷도 한두 해면 최신 패션과 동떨어집니다. 가벼운 변화를 꾸준하게 주면서 고객에게 새로움으로 다가갑니다. 눈치 챘나요? 자라 매장에서 진열되는 옷의 위치가 자주 바뀐다는 사실을 말입니다. 고객 1명당 제품 구매빈도수가 평균 13번에 달한다는 보고도 있습니다. 하물며 오프라인과 온라인을 합쳐 방문고객의 수는 얼마나 될까요. 분명한 것은, 자라를 방문한 고객의 마음에 새로움의 속도감이 충만하다는 사실입니다. 비록 '피상적'이라 할지라도요.

미국의 쇼핑몰에 가면 자라와 더불어 심심치 않게 포에버21Forever21 매장을 볼 수 있었습니다. 미국에 이민 온 한국인 부부가 일군 기업으로 한동안 급성장해서인지 꽤 화제가 되었죠. 그러나 〈LA타임스〉는 '고객에게 외면받는 개성 없는 옷을 대량으로 찍어내는 덩치 큰 기업으로 전락했다'고 지적합니다. 다양성과 쾌속, 아무것도 주지 못한 채로 2019년 9월 파산했습니다.

미국 쇼핑몰 얘기를 하다 보니, 대형 쇼핑몰에서 꼭 볼 수 있는 젤리 벨리Jelly Belly가 생각나네요. 강낭콩 모양의 온갖 맛이 나는 젤리입니다. 무려 44가지의 맛과 색깔의 젤리를 각각 원하는 분량만큼 구매할 수 있습니다. 하지만 젤리 벨리의 매장에 가보면 압니다. 젤리 벨리의 매력은 다양한 맛뿐만이 아닙니다. 수도 없이 다양하게 고안된 투명한 용기에 형형색색의 젤리를 담을 수 있습니다. 다양한 용기에 다양한 색깔의 젤리를 담아 다양한 색감을 입혀 자기만의 새로움을 창조합니다. 모두 피상적이지만 재빠른 다양성입니다. 젤리의 다양한 맛은 덤이고요.

옵션을 주라 – 제한적 다양 베타

옵션도 피상적 새로움의 일종으로 볼 수 있습니다. 본질적인 새로움이 아니라 사용 측면의 새로움이니 그렇습니다. 그렇지만 옵션이 없는 경우, 옵션을 제공받지 못해 끌려가는 난감한 상황을 연상해보면, 옵션의 중요성을 다시 생각하지 않을 수 없습니다. 혹시 그런 경험 있나요? 컴퓨터를 빨리 켜야 혹은 꺼야 하는데 애가 제 맘대로 업데이트한답시고 켜지지도 꺼지지도 않는 상황. 마냥 기다릴 수 없는 상황에서 애탄 경험 말이죠.

옵션을 주지 않는 제품과 서비스는, 종종 완벽을 표방하는 기업에 의한 것이 많습니다. 완벽하다고 자신감에 가득 차 있는 상대이거나요. 완벽하다고 생각하니 믿고 따르라는 것이죠. 아니면, 완벽한 시장 우위를 믿고 고객을 좌지우지하겠다는 발상입니다. MS나 애플이 대표적이지만, 따져보면 주변에 그런 기업, 그런 상대가 적지 않습니다. 오히려 베타가 눈여겨보는 B급에서는 다양한 옵션을 발견할 수 있는데, 아마도 이류의 겸허함에 기인했거나 아류라는 그들의 구조적 특성에 다양성이 포함되어 그런지도 모르겠습니다. 여러 생각을 해볼 수 있는 사례를 다음에 준비했습니다. 그렇다고

이 사례의 기업들이 이류나 아류라는 건 아닙니다. 심지어 삼성전자도 등장하는데요.

광고를 엄청 많이 해서인지, '콘덴싱'이라는 어려운 단어가 어느덧 귀에 익숙해졌습니다. 친환경 보일러 광고죠. 국내 보일러는 2강 체제입니다만, 그 중 한 기업에게 엄청난 광고효과를 준 사건이 있었습니다. 2016년 2월 경주에서 규모 5.8의 강진이 발생하자 귀뚜라미 보일러의 소비자 콜센터에 전화가 빗발쳤습니다. 전화는 대부분 지진 피해지역에서 온 것인데, 보일러가 작동을 멈췄다는 고장신고였죠. 그러나 이는 귀뚜라미 보일러 내부에 부착된 지진감지기가 작동해 보일러 가동을 중단시킨 것입니다. 가스누출을 통한 지진의 2차 피해를 방지하기 위해 지진감지 옵션을 부가로 심어놓은 거죠. 이 사건으로 찬사가 쏟아집니다. 제품의 판매 후에도 일어날 수 있는 상황을 고려한 옵션을 내장하여, 귀뚜라미는 고객의 안전을 위해 진심으로 노력하는 선량한 기업의 반열에 오릅니다.

제품의 옵션 사양은 고객이 선택하여 구매할 수도 있고, 그렇지 않을 수도 있습니다. 제품에 기본적으로 장착되어 있는 옵션도 있다는 얘기죠. 어떤 경우에도 기본적인 기능과 사양에 부가되는 옵션은, 고객에게 기본적인 기대감을 상회

하는 다양성을 줄 수 있습니다. 귀뚜라미 보일러는 기대치 않았던 옵션으로 다양성 이상을 선사했지만요.

삼성전자의 '프로젝트 프리즘'은, 단조로운 백색 광선을 다양한 색으로 풀어내는 프리즘처럼, 다양한 옵션을 주어 고객의 취향과 개성을 살려주는 삼성전자 생활가전의 새로운 사업 전략입니다. 이 프로젝트의 첫 번째 작품인 비스포크 냉장고는, 1도어에서 4도어까지 총 8개 타입 모델에 3가지 패널 소재, 9가지 색상 등을 고객이 마음대로 조합할 수 있는 모듈형 제품입니다. 2019년 6월 출시 이후 4개월 만에 전체 냉장고 판매량의 65%를 점유할 정도로 호조를 보인다고 하네요.

비스포크 냉장고가 개발단계에서부터 치밀한 계획으로 다양성을 확보했다면, 삼양식품의 불닭볶음면은 시장과 고객에 의해 다양성이 탄생한 경우입니다. 파일럿 제품으로 출시된 불닭볶음면은 너무 매운맛으로 인해 시장의 반응이 미미해 단종될 운명에 처했습니다. 그러나 소수의 마니아층을 중심으로 리셀re-sell되는 현상을 발견하고 계속 생산하기로 결정하죠. 이어 SNS를 통해 '매운 음식 먹어보기' 식의 '파이어 누들 챌린지fire noodle challenge' 열풍이 불면서 국내외에서 폭발적인 인기를 끌게 됩니다.

불닭볶음면 애호가들은 여기서 한 걸음 더 나아갑니다. 불닭볶음면을 고객의 기호에 맞게 개량하기 시작합니다. '모디슈머modisumer'라 하죠. 고객이 직접 옵션을 개발하는 것입니다. 고객의 창의성에 힘입어 삼양식품은 불닭볶음면을 개량한, 치즈불닭볶음면, 핵불닭볶음면, 까르보불닭볶음면 등 다양한 확장 제품을 출시했고, 이 중 한정판으로 출시되었던 핵불닭볶음면과 까르보불닭볶음면은 고객의 요청으로 인해 아예 정식 출시되기도 합니다. 이른바 불닭 시리즈를 통해 7년 누적 매출 1조 원, 판매량 18억 개를 달성하게 되었죠.

'제한적 다양'은 상품의 개발단계에서, 혹은 판매 이후의 시장상황에 의해 옵션을 부가하는 방식입니다. 프로젝트 프리즘과 같이 철저한 기획을 통해서건, 불닭볶음면처럼 발 빠른 대응을 통해서건, 기존의 상품에 다양성을 입히는 것에 주목해야 합니다. 완전한 신상품을 그때그때 시장의 속도에 맞춰 출시하기는 어렵습니다. 약간의 옵션으로 변화를 도모하세요. 제한적이라 한 것은, 너무 많은 옵션의 설계는 현실적이지 않아서입니다. 철저하고 발 빠를 수가 없거든요. 비스포크 냉장고가 산술적으로 2만 2,000여 개까지 조합이 가능하다고 하지만, 그런 것은 의미가 없습니다. 결국 그중에서 몇 가지 조합만이 고객의 선택을 받을 테니까요. 프리즘이

분해한 무지개 색들 중에 우리가 7가지 정도만 기억하는 것처럼요.

제한적 다양의 베타는 옵션으로 변화 가능성을 주고, 이로써 꾸준한 새로움을 제공합니다. 포장한 새로움으로 혹은 옵션으로 무장한 새로움으로 상대와 고객이 느끼는 체감속도에 맞춰 기다리지 않게 하는 게 관건입니다. 어차피 물리적인 거리, 시간, 속도가 중요한 시대가 아니니 '체속'으로 '쾌속'을 실현해야 하니까요.

어쩔 수 없는 노파심 한 마디는 이렇습니다. 그렇다고 옵션을 너무 많이 주지는 말라는 것입니다. 헨리 키신저Henry Kissinger가 얘기했던가요. '대안이 없으면 놀라울 정도로 마음이 편해진다.' 어쩌면 옵션을 무시하는 완벽한 기업의 핑계가 될 수 있겠군요. 그러나 현대의 스마트한 고객들은 마음이 편한 것과 무시당하는 것 정도는 쉽게 구분합니다. 단지 지나치게 많은 옵션은 선택을 힘들게 하고, 힘든 선택은 지치게 하고, 이는 기다려서 지치는 것과 별반 다르지 않다는 것을 강조하기 위해서 언급했습니다.

주지 마라, 원하지 않을 때는—절제적 호의 베타

하나 더 짧게 할 말을 하려는데, 표현이 좀 센 듯합니다. '원하지 않을 때는 주지 마라'라뇨. 인간관계에서, 기업과 고객의 관계에서 참 냉정한 말입니다. 소중한 상대에게, 중요한 고객에게 잘해주려면 많이, 자주, 아낌없이 줘야죠. 하지만 냉정히 따져본다면, 그리고 상대가 정말 소중하고 중요하다면 원하지 않을 때는 주지 말아야 합니다.

4가지 경우가 있습니다. 원할 때 주거나 주지 않는 경우, 또 원하지 않을 때 주거나 주지 않는 경우입니다. 이 중에서 원할 때 주는 것처럼, 원하지 않을 때는 주지 않는 것이 바람직합니다. 반대로 원할 때 주지 않는 것만큼이나, 원하지 않을 때 주는 것은 옳지 못합니다. 그저 잘해주고 싶어서, 고객이 왕이니까, 왕 대접해주고 싶어서라고 하면 그만이지만, 이는 선의의 대접으로 끝나지 않을 일임을 알아야 합니다. 오히려 공들여 이룩한 쾌속에 낭패를 주게 된다는 사실을 알아야 합니다. 과한 대접은 상대의 기대감을 불필요하게 높여, 앞으로 애써 제공할 새로움의 빛을 철저히 가리니까요.

호의를 절제해서, 고객에게 제공하는 기능과 서비스를 절제해서 성공을 도모한 예를 적어봅니다. 참고하여 당신의 기업에 적합한 절제적 호의 베타를 도모해보세요.

쇼핑이라면 본디 지갑의 여유만 필요한 게 아닙니다. 마음의 여유도 필요하죠. 여유 있는 마음으로 여유 있게 매장을 둘러보고자 하는데, 모처럼의 여유를 쫓아버리는 것이 있습니다. 들어가자마자 다가서는 매장 점원, 보자마자 '간섭'하는 점원의 친절입니다. 물론 알고 있습니다. 고객을 위해서 고객서비스를 위해 애쓰고 있다는 것을요. 그러나 저만 그런가요? 바라지도 않은 환대와 응대가 부담스러워 매장으로 향하던 발걸음을 서둘러 돌린 적은 없었나요?

아모레퍼시픽 브랜드인 이니스프리는 매장 입구에 '도움이 필요해요', '혼자 볼게요'가 각각 적힌 바구니를 비치합니다. 2016년 8월부터 5개 매장에서 테스트한 후, 총 40개 매장에서 시행 중이며 좋은 반응을 얻고 있습니다. CJ 계열인 올리브영에서도 "도움이 필요하면 말씀해주세요."와 같은 고객 응대 매뉴얼로 직원이 먼저 고객에게 다가가지 않는 것을 원칙으로 한다고 하네요. 왜 그리 멀찌감치에서 같은 말을 반복해서 외쳤는지 이제야 알게 되었습니다.

원하지 않을 때에 주지 않는 것은, 원할 때 주는 것만큼 중요합니다. 어쩌면 더 중요할지도 모릅니다. 괜히 사서 고생하는 것이고, 괜스레 해주고 욕먹는 것인데, '고생'과 '욕'은 그렇다 치더라도 '사서'와 '해주고'는 비용이 수반되니까요. 불필요한 호의는 절제함이 지당합니다.

아이리스 오야마IRIS OHYAMA는 재일교포 2세가 창업한 기업입니다. 오야마 겐타로 회장은 창업자인 아버지의 갑작스런 죽음으로 가업을 물려받았으니 재일교포 3세겠네요. 그는 '뺄셈' 가전을 주창하며 제품의 핵심 기능에만 집중하고 고객의 사용빈도가 낮은 기능을 모두 빼버립니다. 고객이 일반적으로 원치 않는 기능을 빼버린 아이리스 오야마의 전기밥솥은 2만 엔대. 그러나 10만 엔 이상인 타사 고급 전기밥솥을 압도하는 만족도를 얻습니다. 소위 가성비 '상갑'인 셈이죠. 승계 당시 종업원 5명에 불과했지만, 현재 매출 약 4조 2,000억원, 직원 1만 2,000여 명의 우량기업으로 성장했습니다.

이케아IKEA도 생각납니다. 발령, 정착, 입학, 졸업, 임시거주 등 이동이 잦은 집단을 주요 고객으로 삼고 미니멀리즘을 표방합니다. 가구의 기능과 디자인을 단순하게 하고, 이로써 귀결되는 합리적인 가격에 저 역시 유학 시절부터 이케아의 팬이 되었습니다. 원하지도 않은 고풍스러운 디자인과 고급 원목에 원하지 않은 가격을 지불하지 않게 해주었으니까요. 절제해야 합니다. 과한 혹은 쓸데없는 것은 절제함이 맞습니다.

원하지 않을 때는 주지 말아야 합니다. 원하지도 않는데 주어서, 상대에게 감동을 선사하고, 없었던 고객과 시장을 창출하는 장밋빛 시나리오는 장미가 만발하는 봄날의 꿈입니다. 봄날은 가고 현실은 남는 법이지요.

'주지 말라'는 문장을, 이에 대한 베타를 다른 '쾌속'의 베타에 앞서 꺼내고 싶었습니다. 그만큼 전제가 되는 중요한 문장이니까요. 그러나 뒤로 한 것은 다음 장의 베타의 각성과도 연관이 있어서입니다. 그러니 이 정도만 하고 넘어가겠습니다. 앞으로 애써 제공할 새로움의 빛을 가리지 않고 싶어서입니다.

훌륭함도 잊자

BETA STRATEGY

훌륭한 그대, 훌륭한 고객

옛날 얘기입니다. 과거시험에 번번이 낙방한 선비가 있었습니다. 낙방의 원인을 알고자 학식이 높은 현자를 초대해 식사를 대접한 후 먹음직한 대추까지 내놓았습니다. 그러자 현자는 "대추는 비장에는 유익하지만 치아에는 해로우니 많이 먹지 않는 것이 좋다."고 했죠. 이 말을 들은 선비는 대추를 집어 통째로 삼키면서 대꾸합니다.

"이렇게 씹지 않고 통째로 삼켜버리면 비장에도 유익하고 치아도 보호할 수 있을 것입니다. 하하하."

물끄러미 선비를 바라보던 현자는 선비에게 그가 쓴 문장을 보여달라고 합니다. 선비의 글을 꼼꼼히 살펴본 현자는 이윽고 말합니다.

"시는 운율이 맞지 않고 문장도 조리에 맞지 않으며, 예를 잘못 사용한 곳도 있고 원래의 뜻을 잘못 이해한 것도 있다. 대추를 통째로 삼키듯 공부를 하였으니 번번이 낙방한 것도 이상한 일이 아니다."

'홀륜탄조圇圇呑棗'의 유래입니다. '덩어리질 홀圇', '덩어리질 륜圇', '삼킬 탄呑', 그리고 '대추 조棗'로서 '대추를 통째로 삼킨다'는 뜻입니다. 대추를 씹지 않고 통째로 삼켜 버리듯이, 사물을 두루뭉술하게 이해하고 대충 넘어가는 것을 비유하는 고사성어입니다.

그런데 혹시 아세요? 발음도 쉽지 않은 '홀륜'이라는 한자가 우리말 '훌륭'의 어원이라는 사실이요. '홀륜圇圇'에는 '모자람 없는 완전한 모양의 덩어리'의 뜻도 있습니다. 온전하고 완전한 모양새이니 우리말로 극찬과 칭송의 표현인 '훌륭'과 잘 어울립니다. 그러나 '홀륜'의 또 하나의 뜻, 즉 '홀륜탄조'에 쓰인 의미, '어물어물하여 명백하지 아니함'과는 거리가 있습니다. '훌륭'에게 이렇게 훌륭하지 못한 근원이 있다니…, 너무 어색합니다.

이번에는 어색하지 않고 꽤 많이 회자된 얘기입니다. 특정 동네를 돌아다니며 일반인과 편하게 대화를 주고받는 TV 예능프로그램이 있습니다. 천진난만해 보이는 동네 아이에게 "어떤 사람이 되고 싶으냐?"고 질문하자, 아이가 채 대답하기도 전에 옆에 있던 개그맨 이경규가 불쑥 끼어들며 답해줍니다. "훌륭한 사람이 되어야지." 그러자 같이 출연한 이효리가 내뱉듯 말합니다. "뭘 훌륭한 사람이 돼. 그냥 아무나 돼."

멋들어진 우리말을 폄하할 마음이 없음은 물론입니다. 저나 이효리나 마찬가지겠죠. 단지 '훌륭'이라는 단어가 내포하는 약간의 애매함, 다소의 거룩함을 짚어보자는 것입니다. 세상 사람들이 말하는 막연한 훌륭함이, 현실의 자기 자신이나 구체적 대상에 비추어 볼 때, 어물어물 명백하지 않을 수 있음을 짚어보고자 하였습니다.

원점으로 가서, 훌륭이란 무엇이고, 훌륭한 사람은 어떤 사람일까요? 글쎄요. 인성 좋고 예의 바르며, 겸손하며 남을 배려하면서도, 일정 분야에서 탁월하여 남의 본보기가 되고, 자신의 삶에 충실하되 세상의 기준에도 합당하고…. 뭐, 이런 건가요? 모자람이 없이 이루어진 완전한 인격체이군요. 어쨌거나 우리는 이러한 훌륭한 사람을 좋아하고, 이런 사람의 존재를 믿고자 하는 경향이 있습니다. 정말로 모든 것이 완전하지는 않아도 그런 존재를 원하며, 그런 존재를 보고 배우고자합니다. 위인, 스타, 롤모델, 리더로 추앙하면서 말이죠.

전통적인 리더십이론인 '특성중심이론'은 우리가 추앙하는 탁월한 리더들의 특성을 연구합니다. 리더들의 선천적인 자질들의 공통점을 추려내어 이를 특성화하겠다는 것이죠. 특성이론에 이어진 '행동중심이론'도 훌륭한 존재를 상정하기는 매한가지입니다. '리더는 타고난다'를 주장하는 특성이론과는 달리, 훌륭한 리더들의 행태를 관찰하고 답습하면 후천적으로 우리도 훌륭해질 수 있다는 이론입니다만, 어쨌거나 훌륭한 그 무엇을 전제하기는 마찬가지라는 거죠. 앞장의 '경영전략 간략 개론'에서 등장한 톰 피터스의 '초우량기업'이나 짐 콜린스의 '위대한 기업' 연구도 이와 같은 맥락의 훌륭한 기업 따라잡기입니다.

기업이든 고객이든, 세상의 많은 것들을 이러면 좋고 저러면 훌륭하다는 식으로 일반화할 수만 있다면, 세상은 그리 어렵지 않을 겁니다. 훌륭한 그것들을, 그분들을 존중하고 좇아가기만 하면 될 테니까요. 하지만 어떤 사람, 어떤 리더, 어떤 기업이 훌륭한지 딱 부러지게 설명하기는 어렵습니다. 명백하지 않으니까요. 어려운 건 알지만, 좀 더 얘기해보죠.

이번에는 고객에 관해 묻겠습니다. 훌륭한 고객이란 어떤 고객일까요? 일단 구매를 많이 하고, 그것도 자주 꾸준히 하고, 사소한 불만 없이 만족도 잘하고, 주변에 소개하고, 한 번씩 감동 댓글도 올리고 등등. 기업 입장에서 훌륭한 고객은 이런 고객이겠죠. 어째 비현실적으로 느껴지기도 하고, 왠지 '호갱' 같기도 하고요.

기업은 부단히 노력합니다. 이런 고객을 찾기 위해, 모든 고객을 이런 훌륭한 고객으로 만들기 위해 말이죠. 어떻게 하면 자사의 고객이 되고, 그것도 훌륭한 고객이 될지, 그 방법을 찾고자 합니다. 그래서 고객과 시장을 연구합니다. 고객이 되는 사람들의 인식을 연구하고, 시장이 되는 사람들의 기호를 연구합니다. 사람들의 인식과 기호를 알고자 하고, 그리고 그것들의 추세를 열심히 좇고자 합니다.

사람들의 인식과 기호, 그 변화에 대하여 총체적으로 두루뭉술하게 이해하는 방식이 있습니다. 일반화의 대마왕, 종결자, 끝판왕이죠. 대추를 통째로 삼키듯 포괄적이긴 합니다만, 역시 알기 쉽고, 이해하기 쉽고, 경제·정치·사회·문화적으로 쓰임이 많아 꽤 유명하고 유력한 방식입니다. X세대에서 Y세대, Z세대까지, 베이비붐세대도 있고 밀레니얼세대도 있습니다. 88만원세대란 것도 있고, 보보스과 디지털노마드라는 것도 있네요. 통칭 '세대론'인데, 이것도 이번 기회에 일괄 정리해보도록 하겠습니다. 앞장의 '경영전략 간략 개론'보다는 딱딱하지 않으니 걱정하지 않아도 됩니다.

《베타의 요약 — 세대론》

2차 세계대전이 끝나고 부부들은 다시 만나고 연인들은 미뤘던 결혼을 합니다. 사회적으로도 전쟁으로 잃은 인구에 대한 보상심리로 출산 분위기가 고조되죠. 미국에서는 1946년부터 1964년 사이에 태어난 사람들을 부르는 명칭이 '베이비붐세대'입니다. 이 기간에 미국 여성 1명이 평균 3.5명의 아이를 낳는데, 이들은 훗날, 아니 지금 미국의 주력세대가 됩니다. 7,000만 명이 넘는 그들은 미국 인구의 30% 정도를 차지하면서 양적으로나 질적으로나 엄연한 주도세력이 된 것이죠.

우리나라의 경우에는 6·25전쟁이 끝난 후인 1955년에서 1964년까지 출생한 약 900만 명을 베이비붐세대라 부릅니다. 근검절약을 익히며 자랐고, 고도 경제성장에 일조한 자부심이 강합니다. 외환위기와 금융위기를 극복하며 사실상 현재 우리나라의 중심 권력층이라 볼 수 있지만, 이들의 은퇴가 본격화되면서 세대변화의 물결이 요동치고 있습니다.

우리나라에서는 베이비붐세대를 뒤이어 '386세대'가 등장하는데, 30대인 1980년대 학번의 1960년대 생을 일컫습니다. 1980년대에 대학에 다니며 민주화 투쟁에 앞장선 이력이 도드라져 정치적인 세대 용어이기도 하죠. 하여튼 이들이 이미 50대이니 '386세대'라는 말은 이미 사장된 용어라 볼 수 있습니다. 대신 글로벌하게 통용되는 'X세대'를 베이비붐세대의 후계자로 보는 것이 맞습니다.

X세대라는 표현은 더글러스 커플런드Douglas Coupland의 소설 《X세대Generation X》에서 유래합니다. 중산층 가정에서 자랐고 배울 만큼 배워 평탄한 삶을 살 수 있는데도, 좌절과 번민에 가득 차 단조로운 삶에서 탈출하는 1960년대에 태어난 미국의 젊은이 3명에 대한 이야기입니다. 발간 당시에는 큰 주목을 받지 못했던 작품인데, 한참 후에 기업의 마케팅 담당자들 덕분에 대중의 관심으로 한껏 끌어들이게 됩니다. 대다수의 베이비붐세대로 정형화된 인구사회학적 전형을 철저히 탈피하는 젊은 세대의 예측 불가능한 기호와 취향에 전전긍긍하던 마케터들이, 이 '신세대'에게 'X세대'라는 호칭을 준 것이죠. 변수를 지칭하고, 뭐라 딱 정의하기 어려운 의미의 X가 제격이었나 봅니다. 자연스럽게 X세대는 1960년대 중반 이후부터 1970년대에 태어난 사람들까지를 포함합니다.

한국의 X세대는 성년이 된 후 김일성의 사망으로 반공 이데올로기의 부담이 경감된 반면, 경제적으로는 풍요로움을 만끽합니다. 미국 팝 음악, 일본 만화, 홍콩 영화를 섭렵하고, 워크맨과 삐삐에 밀착하며, '서태지와 아이들' 같은 아이돌을 자신들의 아이콘으로 만들죠. 부유층의 자녀로서 화려한 소비생활을 누린 일부의 청년층을 지목하는 '오렌지족'도 여기에 포함되고요.

뭐라 설명하기 어렵다는 'X세대'를 그나마 제일 잘 설명한 것으로, 'PANTS'가 있습니다. 당시 일본의 한 광고회사가 X세대의 성향을 묘사한 것으로, 'P'는 나만의 것을 추구한다는 'Personal', 'A'는 즐거움을 중시하는 'Amusement'입니다. 'N'은 'Natural'로 자연에 대한 가치를, 'S'의 'Service'는 서비스에 대한 가치를 각각 탐닉한다는 것을 나타냅니다. 아, 중간에 빠진 'T'가 독특한데, 'Trans-Border'로서, 무경계, 즉 나이와 성별에 대해 구분과 경계가 없음을 천명한 것이죠.

어떠세요? 그럴듯한가요? 그럴듯할수록 의아한 게 있습니다. X세대는 이미 40대를 넘어섰고, 이미 기성세대가 된 X세대들의 눈에 비친 또 다른 후속 신세대, 곧이어 언급할 Y세대라든지 Z세대 등의 특성이 이 'PANTS'와 크게 다른가요? 털지 못한 의아함을 품고 일단 계속 가보겠습니다. 아무튼 X세대가 신세대 명칭의 원조이자 대명사인 것은 확실해 보입니다.

X 다음으로 Y가 나옵니다. 1980년대 초반부터 2000년대 초반 사이에 태어난 사람들을 'Y세대'라 부른다고 합니다. 이들의 부모가 베이비붐세대이니, Y세대 역시 부모의 영향권 내에서는 경제적인 안정감이 있습니다. 개성적이고 지적이며 다문화나 타 인종에도 개방적이니 X세대와 그 성향이 크게 다르다고 보기는 어렵습니다. 단지 인터넷, SNS, 모바일 기기에 익숙한 라이프스타일을 구가하기 시작했다는 점, 금융위기 등으로 이전 세대보다 불안정한 일자리 문제를 겪기 시작했다는 점이 Y세대의 불거진 특징이라 할 수 있겠죠. 참, '밀레니얼세대'도 많이 통용되는데요. Y2000, 즉 2000년대의 주역이 될 세대라 붙여진 Y세대의 별칭입니다.

X, Y가 나왔으니 당연히 'Z세대'가 바통을 이어받습니다. 이제 출생연대가 1990년대로 넘어갑니다. 딱히 엄청 새로운 특성을 강조하기는 어렵고, 이들을 '디지털 원주민 digital native'이라 부르는 정도는 기억해둘 만합니다. 익숙하고 말고가 없이, 그들은 태어날 때부터 디지털 환경에서 디지털 기기와 더불어 살아왔습니다. 원래 그렇게 태어나고 자란 주민인 셈이죠.

1990년대 생까지 왔습니다. 이제 그들이 20대이니, 30대가 되고 40대가 되면 또 다른 세대가 나오겠죠. 이미 Z까지 썼으니 뭐라 부를지는 모르지만, 아마 지금보다는 좀 더 'PANTS'의 강도가 심해지겠지요.

이 외에 몇 가지 불쑥 나온 용어들이 있습니다. 먼저 '보보스BOBOS족.' 보보스는 성공한 자본가를 뜻하는 부르주아Bourgeois와 자유분방한 예술가를 의미하는 보헤미안Bohemians을 합성한 신조어죠. 《보보스》를 집필한 데이비드 브룩스David Brooks가 고안한 용어입니다. 그는 보보스를 '보헤미안의 자유로운 정신과 부르주아의 세속적인 야망을 동시에 지닌 새로운 권력'이라 정의하면서, 대표적인 예로

세대 명 오버뷰

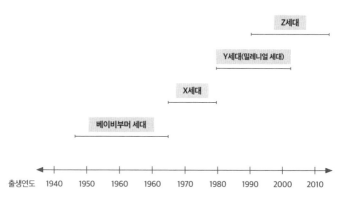

2부 베타의 각성 두 번째

IT 신산업 등으로 젊은 나이에 부를 거머쥔 새로운 엘리트 계층을 지목합니다. 1960년대 히피hippie족과 1980년대 여피yuppie족의 특성을 모두 가진 모양새입니다.

한편 '디지털 원주민'은 '디지털 노마드digital nomad'로 성장합니다. 프랑스 경제학자 자크 아탈리Jacques Attali는 그의 저서 《21세기 사전》에서, 스마트폰과 태블릿 같은 디지털 기기를 활용하며 시간과 공간의 제약을 벗어나 맘껏 떠돌아다니는 21세기 유목민을 '디지털 노마드'라 지칭합니다. 디지털 노마드는 자유분방함을 갈구한다는 점에서 보보스와도 일맥이 통한다고 봅니다.

우리나라에서 보보스에 정치적 색깔을 가미한다면 왠지 '강남 좌파'가 떠오릅니다. 그러나 정치적인 해석의 속박에서조차 자유를 외치는 보보스 입장에서는 언짢은 비유라 판단됩니다. 정치적으로 많이 활용된 표현으로 '88만원세대'도 있죠. 역시 언짢은 마음이 스며드니 부가 설명은 그만하고, 88만원세대는 Y세대 혹은 Z세대의 경제적 고충을 보여주는 단편으로 자리매김하겠습니다.

전후 폭발적으로 증가한 세대, 그리고 지금 세상을 실질적으로 장악한, 그렇지만 은퇴하면서 영향력을 잃어가고 있는 세대가 '베이비붐세대'입니다. 그들이 서서히 역사의 뒤안길로 접어들면서, 그동안 자신들이 활개 치던 터전의 길목으로 들어서는 후배 세대를 쳐다봅니다. 자신들과는 분명코 다르니 종종 이해하기 어렵고, 또한 자신들과는 분명코 다른 여건이니 간혹 안쓰럽기도 합니다. 어쨌거나 그들에게 남은 세상, 남겨진 부와 권력을 맡겨야 하니 관심이 가고 신경이 쓰일 수밖에 없습니다. 그래서 고민하다가 신세대, 신세대 하며 X, Y, Z를 가져다 붙이는 것이죠.

하지만 의구심이 남습니다. 이렇듯 1960년대, 1970년대, 1980년대, 1990년대…, 거의 10년 단위로 세대가 바뀌고, 세대를 구성하는 사람들이 바뀌며, 또 다른 새로운 성향의 세대가 출현한다는 게 과연 맞는 얘기일까 하는 의심입니다. 때론 '신인류'가 등장했다며 야단법석 하는 게 지나친 호들갑은 아닐까 하는 의심입니다. 물론 맞습니다. 세상이 바뀌고 그 변화의 속도는 날이 갈수록 가파르고, 그 세상을 살아가고 그 변화의 물결에 휩쓸리는 사람의 인식과 처세는 바뀔 수밖에 없다는 것은 너무나도 지당합니다. 그래도 의구심이 남는 이유는 뭘까요?

얼마 전에 한 학생과 면담을 했습니다. 23살의 복학생이었습니다. 2년여의 공백 기간 후 학교로 돌아와 수업을 듣고 클래스메이트들과 어울리고, 그러면서 그 학생은 힘들었나 봅니다. 하소연합니다.

"요새 학생들은 너무 달라요. 도대체 이해를 못하겠어요!"

제가 뭐라고 답할 수 있을까요. 제가 보기에는 다 거기서 거기인데요. 말문이 막혔습니다. 2년 사이에 또 세대가 바뀐 것일까? 아무리 변화의 속도가 빨라도 그렇지, 그 사이에 또 신세대, 신인류가 등장한 것일까? 사람의 본질적인 인식구조와 사고방식이 그토록 빨리 변하는 것일까?

의아했던 마음은 그리 오래가지 않아 풀렸습니다. 원조 격 신세대인 'X세대'라는 명칭이 태동한 커플런드 책의 표지를 보고 나서 말입니다. 부제가 '점점 빨라져 가는 문화 이야기'더군요. '문화 이야기'이지 '사람 이야기'가 아니었습니다. 점점 빨리 변해가는 건 세상이고 문화지 결코 사람은 아닙니다. 세상의 변화라는 급격한 물결에 (수동적으로) 휩쓸리며 헤엄치는 사람들의 이야기이지, 결코 (능동적으로) 자유롭게 헤엄치는 사람들의 이야기는 아니라는 겁니다. '이것이 이래서 저것이 저렇게 된 것'과 '저것은 그냥 저런 것'은 엄청나게 다르지 않겠습니까? 저는 그렇게 가닥을 잡았습니다.

X, Y, Z세대에 대한 공들인 설명을 차분히 읽어보면, 특히 이러한 세대론 등장의 원인을 읽어보면 대략 3가지로 축약됩니다. 포괄적 부유함, 일자리 유동성, 정보기술의 발전입니다. 경제성장과 산업의 팽창으로 삶의 질이 높아지며 여유로운 시각이 장착됩니다. 그러나 경제와 산업이 위기를 겪고 조정되면서 삶의 질을 보장하는 견고한 일자리는 감소합니다. 대신 그들의 손에는 각종 디지털 기기가 주어지며 이전 세대가 누리지 못한 디지털 문화를 향유합니다. 딱 그겁니다. 지난 30년간 세대의 인식과 행태에 영향을 미친 세상과 문화의 변화는, 요컨대 이겁니다.

X세대를 규정한 'PANTS'는, 개성 강하고, 즐거움을 추구하고, 자연을 존중하며, 나이와 성별에 연연치 않고, 서비스를 잘 받는 것을 중시하는 인식과 행태입니다. 어떤가요? 이미 30년 전에 규정한 구닥다리 신세대 정의가 지금의 신인류와 전혀 관련이 없나요? 아직 유효하다면 이렇게 보고자 합니다. 3가지 요인, 즉 포괄적 부유함, 일자리 유동성과 정보기술의 발전은 아직도 유효하고 이들의 유효성도 계속 다변화하고 있습니다. 바로 이들 3가지의 증폭된 다변성과 다양성이 새로운 세대에게 지속적으로 영향을 미치고 있는 것입니다. 기득권과 고정관념이 없는 신세대의 그 다양한 폭만큼이

나 증폭된 영향을 미치고 있는 것이죠.

그렇습니다. 십수 년 흘렀다고 해서 쉽사리 세대가 바뀌고 사람이 바뀌는 것은 아닙니다. 무슨무슨 세대, 몇몇 년대생 하며 세대와 사람을 간단히 규정짓는 것은 그리 현명하지 않습니다. 오히려 원인을 제공한 세상의 변화에 먼저 돋보기를 들이대고, 그 변화에 영향받는 세대, 그 영향으로 증폭되는 사람들의 다양한 사고방식과 생활양식에 초점을 맞추는 것이 더 현명할 것입니다.

30년 전 X세대의 'PANTS'와 지금 Z세대의 'PANTS'는 같고도 다릅니다. 다른 것은 바로 그 폭과 깊이겠지요. 'PANTS'는 유효하지만, 세상의 다변화만큼이나 사람들의 'PANTS'는 더욱 다양해진 것입니다. 그래서 저에게 상담을 청한 그 복학생도 그 다양함에, 이전에 겪지 못했던 다양함에 충격을 받은 것이겠지요.

꽤 많이 돌아왔습니만 결론은 간단합니다. 훌륭함이라는 멋진 수사에는 분명 애매함이 있습니다. 훌륭한 사람이 되라고 배웠습니다. 나만의 기준이 아닌 세상의 기준으로 훌륭하게 말이죠. 그러나 그 세상은 너무 빨리 변하고 너무 다양한 가치를 제시하고 있습니다. '훌륭' 하게 말하기는 좋지만, 어떤 사람이 훌륭한지, 훌륭한 상대가 누구인지 모호합니다.

정치는 국민을 알아야 하고 기업은 고객을 알아야 하니, 자꾸 규정짓고 싶습니다. 대략 이 세대는 이렇고 저 세대는 저렇다 한다면, 그럴 수 있다면 얼마나 알기 쉬울까요? 10년 단위로 끊어서 생각하니 얼마나 편한가요? 그에 맞는 선거 전략을 세우고 마케팅 전략을 세우면 되니까요. 하지만 절대 그러면 안 됩니다. '홀륭▨▨'한 홀륭함을 잊어야 합니다. 그것보다 훨씬 다양하고, 그것도 시시각각으로 폭이 넓어지고 있거든요. 알기 쉬움에 빠질수록 괴리의 골은 깊어지고 있거든요. 당신에게 그대가, 기업에게 고객이 소중하다면 절대 홀륭 하게 그대를, 고객을 보면 아니 됩니다. 홀륭 한 그대, 홀륭 한 고객은 잊어야 합니다.

혹시 아세요? 신세대는, 정작 관심의 대상이 되는 새로운 세대들은 기성세대들의 관심에 관심이 없다는 사실을요. 자신들에게 신인류라는 딱지를 붙이며 무슨 괴물이라도 되는 것처럼 바라보는 기성세대들의 시선을 달가워할 리 만무합니다. 몇몇 약어나 신조어를 알고 있다고 마치 신세대를 다 이해했다는 식도 달가워할 리 만무합니다. 달갑지 못하다가 점점 그냥 그러려니 하고 생각하게 되는 것이죠. 관심 갖고 대꾸라도 하기에는 그들에게 처한 현실이 너무 빡빡하거든요. 빡빡한 정도도, 빡빡하게 살아가는 정도도 다 '케바케(케이스 바이 케이스)'고요.

알다시피 훌륭함에는 훌륭 함 외에도 훨씬 훌륭한 의미가 있습니다. 그 훌륭함도 잊어야 하는지는 다음 장에서 알아보도록 하겠습니다.

"필요는 충족될 수 있지만
욕망은 결코 충족될 수 없다."

이런 사람 어때요? 사랑이 많고 정열적이며 낙천적이기도 하면서 편안한 느낌을 주는 사람. 멋집니다. 이런 훌륭한 사람이 곁에 있다면, 특히 나와 긴밀한 상대라면 아주 좋을 것 같습니다. 그렇다면 이런 사람은요? 사랑이 많아 스스로를 어리석게 만들고 때론 광신도처럼 정열적이며, 진정한 어려움을 못 보는 낙천주의자에다가 멍청할 정도로 편한 사람이라면요. 참 어렵겠지요. 같이 하기가요. 훌륭한 것, 사람이 훌륭하다는 것, 참 뭐라 꼬집어 말하기 어렵습니다. 절대 선, 최고 경지, 논쟁 불가의 덕목을 차치하고 말하자면, 하늘 아래 어떤 선과 덕도 '절대'는 없습니다. 그러한 선과 덕으로 그려지는 훌륭한 사람도 절대적이지는 않겠지요.

좀 더 구체적인 범주를 논하기 위해 훌륭한 고객에 대해 얘기해보죠. 앞서 언급한 '호갱'급 훌륭 고객은 제외하고, 현실적으로 접근하겠습니다. '합리적이고 상식적인' 고객, 어떻습니까? 그만하면 훌륭하죠. 합리와 상식은 가볍게 깎아내릴 수 없는 덕목이니까요.

하지만 이것도 따져볼 일입니다. 합리合理는 세상의 이치에 합하는 것입니다. 그렇다면 합리적인 사람은 세상의 이치와 이치를 풀어가는 논리에 밝은 사람들이겠네요. 사고의 선후관계와 상호관계, 그리고 원인과 결과를 헤아리는 논리적 사고방식을 지닌 사람은 분명 합리적인 사람입니다. 그러나 이 부류의 사람 중 말도 안 되게 비합리적인 경우가 나타나는데, 많이 배운 사람, 즉 저와 같은 교수나 전문가에게 드물지 않은 경우입니다. 자기중심의 논리를 소신으로 착각하며 남과 세상을 힘들게 하는 사람들도 많지 않습니까.

상식이라는 것도 그렇습니다. 세상의 다수에게 통용되는 지식과 식견이 상식입니다. 상식이 있어 상식이 통하는 사람과는 공통된 상식으로서 대화하고 합의된 상식을 준거 삼아 의견의 차이를 좁힐 수 있으니 합리적 관계라 하겠지요. 단, 여기서 중요한 것은 다수가 상식이라 믿는 것이 과연 상식인

가입니다. 급변하는 세상의 특정 시점에서 다수의 생각이, 또는 특정 사안에 관한, 다수의 이익을 위한 생각이 무조건 상식이라고 볼 수는 없지요. 다수가 모여 상식이라 외치며 몰상식하게 소수의 권리를 침해하는 일은 비일비재하잖아요.

결국은 이렇습니다. 누가 어떻다, 어떤 세대가 이렇다 하고 말하는 건 쉽지만 실제는 말처럼 쉽지 않습니다. 특히 특정인이 아닌 다수를 규정짓기는 더욱 어렵습니다. 애써 규정지으려 하니 두루뭉술해지고 홀륭 해지는 것이겠지요. 대상의 규정이 어려우니, 대상이 어때야 하는지, 어찌해야 훌륭한지도 정하기 어렵습니다. 특정 다수의 특성이 명백히 분간되어야, 그 특성의 기준이 어느 이상이 되어야 훌륭하다 할 수 있을 텐데요. 그래야 명확히 최고, 일류, A급으로 훌륭하다고 할 수 있을 텐데요.

더욱이 그 대상의 구성은 시간에 따라 변하고, 그들의 특성도 변하고, 특성의 기준도 변하고, 그 기준으로 훌륭하다고 할 만큼의 수준도 변합니다. 그때그때 시시각각 바뀌니, 그러니 잊자는 것입니다. 훌륭한 그대를 아예 기대하지 말고, 훌륭한 고객을 애초에 기대하지 말자는 것입니다. 훌륭한 상대가 존재하지 않아서가 아닙니다. 상대와 관계하고 고객을 응대하는 현실적이고 현명한 방편으로서 얘기하는 것입니다.

나름 전문가이고 책도 쓰니 강연을 많이 합니다. 본업도 강의하는 것이지만 학교 밖에서 하는 강연은 학생들에게 하는 강의와 사뭇 다르죠. 무엇보다도 강연 또는 강의의 고객인 청중의 마인드가 다릅니다. 대학 내의 강의는 수업의 일환이고, 수업은 시험으로, 시험은 학점으로 이어지죠. 결석하지 않고 수업 열심히 듣고, 들은 내용으로 시험을 잘 봐야 좋은 학점이 나오니 당연히 학생들은 좋든 싫든 강의에 집중해야 합니다. 하지만 기업이나 대중강연의 청중은 그렇지 않습니다. 듣고 싶으면 듣고, 듣고 싶지 않으면 중간에라도 박차고 나갑니다. 학교에서라면 보기 드문 상황에서 나가는 사람을 붙잡을 수도 없고 나가는 이유 물을 수도 없습니다.

　그래서 어느 때부터인가 이렇게 가정합니다. '저들은 지금 무척 피곤하고 어제 회식을 거나하게 하느라 잠도 설쳤으며, 내 강연 내용에 기본 지식이 부족할뿐더러 반대 의견도 갖고 있으며, 심지어 내 외모와 인상에 반감도 있다.' 대중강연의 고객이 그렇다는 겁니다. 이런 바탕을 깔고 해야, 그들의 귀와 눈을, 사고를 번쩍 뜨이게 하는 내용으로, 그들을 설득하는 자세로 강연에 임할 수 있어서입니다. 훌륭한 고객을 잊고, 훌륭하지 않은 고객을 가정해야 현실적으로 현명하다는 그간의 경험에서 비롯된 것이지요.

'고객충성도'라는 표현이 있습니다. 참 어처구니가 없는 표현입니다. 업무적으로도, 학술적으로도 관리하고 연구하는 중요지표입니다. 그런데 고객에게 충성을 바라다니요. 고객에게 금전이나 대가를 지불하는 것도 모자라 충성까지 하라고 합니다. 이런 걸 바라고 재는 줄 알면, 고객들은 기분이 꽤 나쁠 것 같네요.

군이 대가를 지불하지 않더라도 고객은 그 자체로 이기적인 존재입니다. 필요에 의해 제품과 서비스를 둘러보고, 선택하며, 구매하는 존재입니다. 자신의 필요, 자신을 위한 필요에 따르는 이기적인 존재에게 충성을 바란다고요? 꾸준하게 구매해주고, 이용해주고, 떠나지 않으며, 심지어 옹호까지 해주는 고객이라면 진정 훌륭한 고객입니다. 있으면 너무 좋고, 실제로 간혹 있기도 합니다만, 앞에서 그런 고객은 잊자고 하지 않았나요? 충성스럽고 훌륭한 고객은 잊어야 합니다. 오늘의 충성스러운 신하는 내일의 역적이 될 수 있으며, 내일 칼을 들이댈 자가 모레에는 당신 대신 칼을 맞기도 합니다. 당신의 기업이 제공하는 사소한 차이의 가격과 가치, 사소한 보너스 포인트와 마일리지로 고객은 오고 갑니다. 고객顧客은 '잠깐 방문한 나그네'라는 뜻이죠. 그들에게 충성을요? 고객충성도는 언감생심입니다.

앞에서 기업이 우선시하는 가치의 변천 과정을 살펴보았습니다. 마찬가지로 이번에는 고객 입장에 대해 조금 더 들어가 보도록 하겠습니다. 고객의 이기심, 이기적인 가치의 근저를 살펴보겠습니다.

《베타의 요약 － 고객 특성 가치 변천사》

사람은 누구나 이기적입니다. 자신을 위하고 자신의 이익을 위해 행동하는 것은 지극히 당연합니다만, '이기적'이 부정적으로 들리는 것은 자신을 위해 남의 이익을 희생시키는 경우가 적지 않기 때문이겠죠. 하여간 어느 정도까지 이기적이냐의 문제일 뿐 사람은 선천적으로 이기적입니다. 리처드 도킨스Richard Dawkins의 《이기적 유전자》가 책 제목만으로도 설명해주고 있잖아요.

애덤 스미스Adam Smith의 《국부론》에는 부지런한 빵장수가 나옵니다. 빵장수는 누구를 위해 매일매일 맛있는 빵을 구워 싼 가격에 파는 걸까요? 손님들을 위해? 손님들이 맛있게 먹는 걸 보면 행복해져서요? 물론 아닙니다. 그렇게 해야 빵을 계속 팔 수 있으니까요. 다 자기를 위해서 하는 일입니다. 그는 이기적이지, 결코 이타적이지 않습니다. 버나드 맨더빌Bernard Mandeville의 《꿀벌의 우화》에서도 이기적인 꿀벌이 묘사됩니다. 꿀벌은 여왕벌에게 충성을 다하기 위해서가 아니라, 단지 자신들이 먹고살려고 열심이라는 겁니다. 심하게 말하자면 자신들을 위해 여왕벌을 '분만기계'로 사육하는 것이지요.

현대는 자본주의 사회입니다. 사회주의 국가에도 자본주의 경제가 팽배합니다. 지금 통용되는 진리는, 경제적으로 심지어 사회적, 근원적, 생물학적으로도 사람이 이기적임을 전제하고 있습니다. 현대사에서 인간의 이기심을 전제한 《국부론》이 이타심을 전제한 칼 마르크스Karl Marx의 《자본론》에게 한판승을 거둔 것만 보아도, 인간에게는 이기심의 색채가 진하지 않은가 싶습니다.

아무리 그래도 그렇지 고객의 입장에서는 '이기적'이라는 형용이 불쾌하게 들릴 것 같군요. 온전한 대가까지 냈는

고객 입장의 특성 변천

데, 때론 왕으로까지 섬겨지는데 기분 좋을 리 없죠. 그렇다면 유사하게 쓰이지만 결코 유사하지 않은 말, '개인적'이라면 어떨까요.

많이들 '초연결시대', '초연결사회'라 합니다. 아세요? '초연결사회'의 다른 말이 '개인주의 사회'라는 것을요? 얼핏 들으면 상반되게 들립니다. 연결이 범람하고 이런저런 식으로 연결하고 연결되니, 개개인보다는 연결되어 있는 구성원 집단이 떠오릅니다. 다수의 개인이 수도 없이 촘촘히 연결된 그림을 많이 보았을 것입니다. 그러나 그 그림을 한 발짝 다가서서 찬찬히 보면 알게 됩니다. 다수와 수많은 방면, 여러 갈래로 연결된 각각의 개인, 그 개인의 관점으로 보면 알게 됩니다. 더 많은 사람과, 더 많은 일, 더 많은 사물과 더 많은 방식으로 연결될수록, 자신과 연결된 다른 것들 하나하나의 중요성은 옅어져 갑니다. 자신을 중심으로 더욱 많이 연결될수록, 연결된 다른 존재의 중요성은 희박해진다는 뜻입니다. 그러면 그럴수록 자기가 점점 더 부각되어 점점 더 자기중심적이 되겠지요.

부족이나 부락 공동체가 집단적인 성향이 강한 것은 공동체의 구성원 수가 제한적이기 때문입니다. 연결의 수가 적은 것이죠. 좁은 시골과 넓은 도시의 인간관계만 비교해

보아도 금방 이해가 될 것입니다. '초연결'은 '자기중심적', '개인적'의 다른 표현입니다.

래리 시덴톱Larry Siedentop의 저서 《개인의 탄생》에는 흥미로운 주장이 있는데, 개인주의의 근원을 기독교에서 찾아야 한다는 것이죠. 기독교 이전의 시대에서는 종족, 씨족, 부족, 그리고 계급으로 이루어진 공동체가 우선이었습니다. 공동체 가치라는 기치 하에 개인의 존엄성은 무시되기 일쑤였습니다. 그러다가 공동체를 건너뛰어 하나님과 일대일 관계를 맺게 됩니다. 하나님 앞에서 진정한 '개인'을 발견한 셈입니다. 이렇게 본다면 종교의 절대자야말로 최고이자 최상의 초연결 정점이겠네요.

현대를 지배하는 서구문명의 뿌리에는 기독교가 있고, 줄기에는 산업혁명이 있으며, 현재는 디지털 문명으로 한껏 개화한 시기입니다. '서구화'나 '산업화', '정보화' 모두 개인주의를 살찌우는 흐름입니다. 초연결사회에서 연결이 증가하고 증폭되면 될수록, 신세대가 X, Y, Z을 거쳐 가면 갈수록, 세상이 다양해지고 다양성이 존중받을수록, 분명코 개인주의는 깊어져갑니다. 이런 추세라면 '초개인주의'라는 신조어가 곧 나올지도 모르겠네요.

정리하자면 태생이 '이기적'인 사람(고객)은 경제가 발전하며 '개인적'이 되어가고, 연결이 범람하며 급기야 '초개인적'이 되었습니다. 그럼에도 불구하고 우리는, 당신의 기업은 고객을 집단으로 봅니다. 집단의 특성으로 규정짓고, 인구통계학적으로 가늠합니다. 아무리 고객과 시장을 세분화하려 노력해도, 기본적으로 집단으로 처리하고 관리합니다. 분석의 편의상 그렇게 하는 것은 이해하지만, 그러한 편의적 접근으로 이기적인 고객을 만족시키고 감동시킬 수 있다는 발상은 이해할 수 없습니다.

이제는 뭔가 새로운 방식이 있어야 합니다. 개인적인 고객과 관계하고, 초개인적인 고객을 응대하는 새로운 전략이 있어야 합니다.

집단으로 행동하는 사람(고객)들이 있습니다. 집단의 목표를 표방하기도 하지만, 대다수의 경우 집단을 이루는 목적은 개인의 이기심에 근거합니다. 개인적인 목적을 성취하기 위해 집단의 힘을 이용하는 것이며, 한편으로는 집단에 속함으로서 당면할 수 있는 불확실성을 회피하기 위함입니다. '집단 이기주의'를 풀어쓰면 '이기적인 목표가 공통적인 개인들이 모인 집단의 이기적 발현'이라 할 수 있겠죠.

'생태계'라는 용어도 그렇습니다. 공존번영, 상생협력의 어감으로 일부 약자에 대한 배려와 지원의 향기를 풍깁니다만, 속은 그렇지 않습니다. 그럴 수 없습니다. 서로가 서로를 이용하는 관계가 속내이고, 그렇게 상호 이기적인 관계를 어떻게 하면 지탱하느냐가 생태계 경영의 성공과 실패를 가르는 비결이니까요. 생태계의 근본인 자연을 보더라도, 생태계는 본디 이기적입니다. 생존을 위해 무자비하게 먹고 먹히는 종들의 먹이사슬 생태계에서 훌륭함을 기대해서는 더더욱 안 되겠죠.

집단보다는 개인 중심으로 보자고 해서, 나무만 보고 숲을 보지 말자는 얘기는 아닙니다. 시스템을 무시하고 컴포넌트에 목매자는 것도 아닙니다. 경영과 관리의 편의가 편의를 낳는 이러한 일련의 편의를 위한 과정이 관습이 됨을 경계하자는 것이지요. 즉, 분석의 환원주의와 결론의 일원론을 경계하고, 지나친 방법론적 전체주의를 멀리하자는 의미였습니다.

고객을 집단으로 보고 생태계로 엮어서 고려하고 고민하는 것은 일종의 고육책입니다. 한 명 한 명의 성향과 특질, 상황과 여건을 반영할 수 있다면 금상첨화겠죠. 문제는 비용입니다. 아무리 정보시스템의 발전과 전자거래의 성황으로 개인화가 가능하다 하더라도 비용을 감당할 수가 없습니다. 몰라서 못하는 것이 아니고 알아도 못하는 것이라는 말이죠. 기억나죠? 완벽함을 잊자고 한 것. 고객 개개인의 다양성을 모두 좇는 것 역시 완벽을 추구하는 기업이나 앞세울 모토입니다.

그렇지만 눈감을 수는 없습니다. '이기적', '개인적'을 넘어 '초개인적'으로 치닫고 있는 고객의 다양한 요구에 눈 가리고 귀 막을 수는 없는 노릇입니다. 뭔가 방법이 절실합니다. 뭔가 다른 방식의 접근과 해결방안의 모색이 절실히 요구됩니다.

베타 전략에서 베타는 '훌륭한 그대, 훌륭한 고객'도 잊기로 했습니다. 두루뭉술하게 멋진 그대, 애매모호하게 멋진 고객을 잊는 대신, 이기적이고 개인적인 상대를 상대하는 방법을 갈구해야 합니다. 베타에게 대오각성을 가져다준 문구가 또 있군요.

필요는
충족될 수 있지만,
욕망은
결코 충족될 수 없다.

프로이트의 계승자라고 불리는 프랑스의 정신분석학자 자크 라캉Jacques Lacan의 말입니다. 당신이 당신의 소중한 그대에게 주고 있는 것은 필요인가요? 욕망인가요? 당신의 기업이 소중한 고객에게 제공하고 있는 것은 필요인가요? 욕망인가요? 달리 말해서, 상대가 당신에게 원하는 것은 필요인가요? 아니면 욕망인가요?

이렇게도 물어보겠습니다. 더 중요한 질문입니다. 당신은 상대의 필요를 충족시키려 하나요? 상대의 욕망을 충족시키려 하나요? 훨씬 더 중요한 질문입니다. 상대의 필요를 충족시켜야 할까요? 아닐까요? 상대의 욕망을 충족시켜야 할까요? 아닐까요? 진짜 제일 중요한 질문입니다. 당신이 충족시키지 말아야 할 것은 상대의 무엇일까요? 소중한 상대를 곁에 잡아두기 위해서, 당신 상대의 무엇을 충족되지 않게 해야 할까요?

답해보기 바랍니다. 이기적이고 개인적인, 훌륭하지 않은, 아니 결코 훌륭할 수 없는 고객을 응대하는 방법으로 제안합니다. 현실에 입각한 현실적인 베타는 '충족되지 않게 함'을 제안합니다.

너는 나에게, 중독

　'욕망'은 '훌륭함'과 거리가 있어 보입니다. 먼 거리입니다. 반대의 의미로까지 느껴지는 이유는, 훌륭함이 욕망을 절제하는 데서 비롯된다고 여겨져서 그런가 봅니다. 실제로 인간이 쏟아낸 수많은 문학작품이 욕망을 주제로 하고 있습니다만, 욕망의 찬양은 찾아보기 어렵고 대다수가 욕망으로 파멸하는 인간상을 그리고 있죠.

　젊음의 욕망을 위해 악마와 거래한《파우스트》, 자신의 신분에 어울리지 않은 욕망을 위해 파멸의 길을 택한《보바리 부인》이 생각납니다. 어찌 이들뿐이겠습니까. 욕망을 배제하고 인간 내면의 갈등을 탐구하는 건 불가능하겠지요. 어쨌거나 이들의 공통된 메시지는 '욕망을 구하는 자는 대가를 치른다'입니다. 그 대가가 구체적인 양으로 묘사되는 발자크의 《나귀 가죽》도 생각나고요.

하지만 욕망에 대해 가장 깊게 뇌리에 남은 작품은 테네시 윌리엄스Tennessee Williams의 《욕망이라는 이름의 전차》입니다. 제목이 주는 강렬함도 있지만, 아무래도 동명의 영화를 먼저 접해서인지 욕망의 모습이 시각화되어 그런 것 같습니다. 흑백영화입니다. 영화에서도, 원작에서도, 이 작품의 주제와 내용을 오롯이 드러내는 문장은, 여주인공 블랑시가 욕망의 도시 뉴올리언스에 등장하며 읊은 그녀의 첫 대사입니다.

"사람들이 욕망이라는 전차를 타고 가다가 묘지라는 전차로 갈아타서 여섯 블록이 지난 다음, 극락이라는 곳에서 내리라고 하더군요."

이상하게도 저에게는 블랑시 역의 비비안 리Vivien Leigh의 미모와 연기, 그녀의 욕망이 총천연색으로 또렷합니다.

종종 종교와 금욕주의는 욕망에 멍에를 씌웁니다. 인간의 본연적인 욕구를 절제하라 하죠. 이런 부정적인 족쇄를 풀어 준 것은 현대 자본주의의 뿌리라 할 수 있는 신교도들의 프로테스탄트 윤리입니다. 근검과 성실을 강조합니다. 열심히 살고 노력하면 절대자 하나님이 우리의 욕망을 채우도록 도

와줄 것이라 설파합니다. 인간의 욕망을 수긍해주었습니다. 이로써 기독교가, 자본주의가, 서구사회가 현세를 장악하는 힘을 마련하게 됩니다. 인간 세상에 좀 더 현실적으로 다가섰으니까요.

욕망은 인간으로서 절대 버릴 수 없는 것입니다. 욕망을 품는 자유, 그것이 인간으로서 가질 수 있는 자유이고 절대 포기할 수 없는 가치 아니겠습니까? 욕망은 전차 이외에도, '삶의 에너지'라는 이름으로 불리기도 합니다. 과도한 욕망, 남을 해치는 욕망이 문제이지, 아무런 욕망이 없는 자를 어찌 살아있는 자라 할 수 있을까요. 인간이 이기적이고 개인적인 것은 모두 자신의 욕망을 우선시하는 것 때문이죠. 개인의 욕망을 존중하는 자본주의 사회가, 개인주의 사회가 어차피 현시점이라면 적정한 선에서 받아들여야 하겠지요. 그렇습니다. 베타 전략도 욕망을 받아들이고 십분 활용하는 자세를 취하려 합니다.

강연을 많이 하다 보면 주최 측에서 강연자료를 사전에 요청하는 경우가 대부분입니다. 윗선에 보고한다는 이유로, 청중에 배포한다는 이유로 달라고 하는 거죠. 예의상 주기는 하는데, 받아본 이들은 대체로 당황스러워합니다. 구체적으로 잘 정리된 문서나, 일목요연하게 또박또박 풀어쓴 자료를 기대했나 봅니다. 그림 몇 장, 큰 글씨 몇 자를 보고는 감을 잡을 수 없으니 혼란스럽겠죠. 제가 대학교수다 보니 대학 강의노트 형식을 예상했다면 더욱 당황할 것입니다.

앞에서 운을 띄웠지만 대학 강의와 대중(기업) 강연은 다릅니다. 대학에서의 강의는 절대적인 지식의 전달이 주목적입니다. 학생들이 열심히 강의를 듣고 안 듣고를 떠나서, 주안점은 전달하고자 하는 지식을 학생들에게 전달하고 또 학생들이 소화했느냐죠. 그렇다면 강의자료는 가급적 자세히 촘촘히 작성해야 합니다. 강의는 강의자료의 이해를 돕는 목적이고, 강의자료는 사용하는 교재나 전달하고자 하는 지식의 이해를 돕는 방식으로 작성됨이 맞습니다.

하지만 대중 강연은 상대적인 지식을 전달하는 것입니다. 강연자의 지식과 메시지로 완결될 수 없습니다. 강연을 듣는 대중(혹은 기업) 개개인의 상황과 여건이 버무려져 완성되어야 합니다. 인생전략으로, 사업전략으로 베타 전략을 아무리 외쳐봐야 뭐합니까? 개인의 인생을, 기업의 비즈니스를 제일 잘 알고 있는 이는 그들이고, 베타 전략의 관점과 요점을 실제로 적용할 이가 그들 아니고 누구겠습니까?

그래서 강연자료 자체는 미완성입니다. 제가 생각하는 훌륭한 강연은 청중 스스로가 생각하게 만드는 강연입니다. 청중의 삶에, 업무에, 비즈니스에 어떻게 대입하고, 어떻게 활용할지를 청중 스스로가 곱씹어보게 하는 강연이 좋은 강연이라는 거죠. 'a는 b고, c면 d'란 식의 강의는 지식의 초년생과 사회의 견습생에게나 어울릴 법한 방식이겠죠. A기업은 이랬고 B기업은 저랬다는 식도 마찬가지입니다. 어차피 A와 B는 남의 기업이고 저마다의 상황이 다르니까요.

책을 쓸 때도 그 점을 염두에 둡니다. 어떤 독자는 제 책이 못마땅하다고 할 수도 있고, 또 어떤 독자는 독특한 책이라며 칭찬할 수도 있습니다. 경제경영이나 과학기술이라는 진지한 논지에 얕은 인문·사회적 소양을 끌어다 쓰니 그런 모양입니다. 그래도 적어도 취지만큼은, 독자들의 독서세계를 존중하여 각자의 지식세상을 스스로 펼치게 조금이나마 도움을 주고자 하는 마음이라는 걸 알아주었으면 합니다. 스스로 따져보고, 통찰해보고, 자신의 경우에 대입하고 적용해보았으면 하는 바람입니다. 갑자기 속이 시원해졌으니, 힘내서 중요한 대목으로 넘어가보겠습니다.

필요는 충족될 수 있지만, 욕망은 결코 충족될 수 없다고 했습니다. 만일 제가 강연할 내용의 지식이 필요했고, 또 그 지식이 사전에 배포된 강연자료에 온전히 실려 있다면, 굳이 시간 내서, 집중해서 제 강연을 들을 이유가 있겠습니까? 일단 참석하면 중간에 일어서기도 어렵고, 화장실 가기도 불편한데 말이죠. 뭔가 듣고자 하는 욕구, 계속 듣고자 하는 욕구, 끝나도 계속 더 생각해보고 더 알아보고자 하는 욕구, 그런 욕구를 불러일으키게 하는 강연을 해야 합니다. 그럴 수만 있다면요.

자, 이쯤에서 다시 생각해보세요. 당신이 당신의 그대에게, 당신의 고객에게 제공하고 있는 것은 무엇입니까? 당신의 상대가 당신에게 바라는 것은 무엇입니까? 상대는 요구하고 있습니까, 욕구하고 있습니까? 상대는 당신에게 필요한 것을 요구하고 있습니까? 아니면 욕망한 것을 욕구하고 있습니까? 당신은 상대의 요구를, 욕구를 충족시키고 있습니까? 상대는 필요를, 욕망을 충족하고 있습니까? 과연 당신은 충족시킬 수 있을까요? 상대는 충족될 수 있을까요?

많은 생각이 스쳐갈 것입니다. 누군가를 떠올리고, 그 누군가와의 관계를 따져보세요. 당신이 그 누군가와 바람직한 관계를 맺고 그 관계를 꾸준히 이어가고 싶다면 어떻게 해야 할까요? 충족되지 않게 해야 합니다. 충족되지 않게 해야 당신에게 계속 바랄 것이고 그래야 계속 이어져갈 테니까요. 인간은 누구나 충족되기 전과 충족된 후가 다릅니다. 밥 먹기 전과 후가 다르고, 화장실 가기 전과 후가 다르죠. 충족되기 전이 바람직한 관계의 모습이라면 충족되지 않게 해야 합니다.

앞서 완벽함을 잊으라며 '기다리지 않게 함'을 강조했습니다. 이번에 훌륭함을 잊자며 베타가 내놓은 처방은 '충족되지 않게 함'입니다. 그래서 그렇습니다. 당신이 상대에게 끌어내야 할 것은 '필요'가 아니라 '욕망'입니다. 당신이 상대에게 제공해야 할 그것은, 충족될 수 있는 '필요'가 아니라 충족될 수 없는 '욕망'이어야 합니다. 당신은 당신의 고객에게 욕망을 불러일으키고 있습니까? 욕망을 일으키는 제품과 서비스를 제공하고 있습니까? 필요와 혼동하지 말고요.

아직 끝나지 않았습니다. 중요한 대목이 나옵니다. 이 대목으로 그간의 퍼즐을 맞추려 합니다. 우리에게 소중한 상대는 훌륭하지 않습니다. 시시각각 변하고, 그때그때 다르며, 개개인이 다양합니다. 다가가기 위해 나름 노력한답시고 두루뭉술하고 '훌륭' 하게 대하면 낭패입니다. 세상의 모든 변화는 초연결사회와 초개인주의의 방향으로 가고 있으니 말이죠. 결국은 훌륭하지도 않은 그들의 비위를 맞춰야 하고, 그들 각각의 다양성에 반응해야 한다는 것인데요. 그러나 당신과 당신의 기업이 감당하기에는 어려운 일이라 했습니다.

그렇다면 어떤 방법이 있을까요?

상대의 다양성을 일일이 감당하지 않으면서도 일일이 감당하는 방법이 있습니다. 상식적으로 생각할 수 있는 유일한 방법이기도 하죠. 그것은 바로 상대가 스스로 감당하게 하는 것입니다. 상대 스스로 나서고, 스스로 참여하고, 스스로 관계를 이어나가게 하는 것이죠. 자발적으로 애쓰게 만들라는 것입니다.

이제 간파했겠죠? 스스로 생각했겠죠? 상대가 스스로, 자발적으로 노력하게 하는 것, 그것도 계속적으로 노력하게 하는 것, 이것이 핵심입니다. 핵심은 마지막 퍼즐을 맞춰줍니다. '충족될 수 없는 욕망'입니다. 예상했겠죠? 당신은, 당신의 기업은 충족될 수 없는 욕망을 제공하고 있습니까? 당신의 그대는, 당신의 고객은 당신과 당신의 기업에게 충족되지 않은 욕망을 품고 있습니까?

충족되지 않는 욕망을 품는 것, 충족되지 않은 욕망을 충족시키려 하는 것, 그 욕망을 충족시키려 자발적으로 계속적으로 애쓰는 것, 이것은 한마디로 '중독'입니다. 훌륭함을 잊은 베타가 추구하는 가치는 '중독'입니다. 잊어야 합니다. 훌륭함을 잊으세요. 훌륭함을 잊는 대신, 잊지 말아야 것은 '중독'입니다. 충족되지 않은 욕망으로 당신과 당신 기업의 상

충족되지 않게 함, 중독

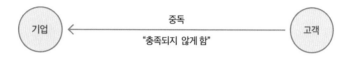

품을 갈구하게 해야 합니다. '중독'으로 당신의 상대가 스스로 노력해서, 당신에 반응하고 당신의 기업에 호응하게 해야 합니다. 너는 나에게, 그대는 당신에게, 고객은 당신의 기업에게, '중독'입니다.

아무리 그래도 '중독'이라는 용어가 너무 그렇다고요? 제 마음속에 '중독'과 끝까지 경합했던 단어를 들으면 그나마 무난하다 생각하리라 싶습니다. 그건 '종속'이었습니다. 앞 장에 나온 '쾌속', 뒷장에 나올 '지속'과 더불어 '속속속' 하고 싶었습니다. 그렇지만 좀 과하다는 생각도 들었죠. 소중한 상대가 나에게, 고객이 기업에게 종속된다는 것은, 자주성 없이 그저 딸려 붙는다는 얘기인데, 아무래도 현대사회에서 현실적이지 않은 발상이겠죠.

'중독'을 간택한 더 중요한 이유가 있습니다. '종속'은 동태적인 어감이 부족해 보입니다. 이 차이는 매우 중요한데요. 중독된 자나 종속된 자는 모두 중독된 것이나 혹은 종속된 것으로부터 벗어나기가 힘듭니다. 벗어나려고 애써도 힘이 듭니다. 그런데 여기애 묘한 차이가 있습니다. 힘이 드는 건 마찬가지이지만, 애쓰는 마음가짐이 달라 보입니다. 종속된 자는 독립선언을 외치고 자유를 되찾고 싶습니다. 물론 중독된 자의 이성 또한 그렇게 부르짖겠지요. 그러나 중독된 자의 감성이나 거기에서 발현되는 행태는 그렇지 않습니다. 중독된 상태의 평안함, 때론 쾌감을 잊지 못하는 게 중독인 만큼, 어느 정도 중독이 진행된 자의 중독은 중독자의 자발성에 의거합니다. 자주성을 거부하는 자발성에 의거한다는 말이죠.

상대와 고객이 자발적으로 애쓰는 '중독'을 추구해야 합니다. 이를 가능하게 하는 베타를 추진해야 합니다. 심오한 권력론에 등장하는 최고 단계의 권력이 무엇인지 아세요? 종속시키고자 하는 상대에 내면화되어 있는 권력, 즉 상대가 상대의 자유의지에 의해 자발적으로 종속되고자 하게 만드는 권력입니다. 고객의 자발성을 이끌어내는 것, 매우 중요합니다. '끊끊한' 관계를 유지하게 위해 나만이, 우리 기업만이 애쓰는 것이 아닌 '중독', 그러한 의미에서의 '중독'입니다. 그러한 의미에서 앞의 그림과 유사한 그림을 한 번 더 보여 드리겠습니다.

중독의 베타

이번에도 역시 3가지 베타를 제안하겠습니다. 상대가 당신에게, 고객이 기업에게 '충족될 수 없는 욕망'으로 '중독'되는 방법입니다. 조절적 호의, 단속적 참여, 집중적 고양의 베타입니다. 용어가 직관적이지 않지만, 읽어보면 납득과 이해가 되니 당장은 너무 신경 쓰지 마세요.

오히려 신경 썼으면 하는 것이 따로 있습니다. 설명에 덧붙인 사례를 볼 때 말입니다. 사례는 사례일 뿐입니다. 남의 얘기와 다른 기업의 사례를 곧이곧대로 받아들이기는 어렵습니다. 나와 남, 우리 기업과 다른 기업에는 여러 각도의 차이가 있습니다. 미세한 차이에도 성공과 실패가 갈리니, 차이를 충분히 고려하며 케이스를 스터디해야 합니다. 어쨌거나 사례연구, 케이스 스터디는 현실감 있는 이해를 증진하는 것이 주목적이니까요. 개념적인 용어의 의미가 현장에서 어떻게 발현되지를 나타내는 정도면 충분합니다. 앞장에서도 그랬지만, 장황하게 설명하기보다는 그저 이해를 돕고자 하는 본연의 목적에만 충실하도록 짧게 짧게 가겠습니다. 하나의 케이스가 그저 또 하나의 번드르르한 남의 얘기로 흘러가 버리지 않게, 당신 기업의 상황과 여건에 맞게 스스로, 자발적으로 치환해보는 노력을 기울여주길 바랍니다.

한꺼번에 다 주지 마라 – 조절적 호의 베타

'조금씩 주라'는 말과도 같습니다. 아끼는 상대에게는 다 주고 싶습니다. 줄 수 있을 만큼 한꺼번에 모조리 주고 싶습니다. 그것으로 감동하는 모습, 행복해하는 얼굴을 보고 싶습니다. 그러나 더 줄 게 없다면 그걸로 끝입니다. 상대는 감동보다 물질을 더 잘 기억합니다. 왜냐하면 감동은 추상적이지만 호의나 물질은 구체적이니까요. 그러고는 기대하죠. 받았던 만큼을, 받았던 그 이상을. 그런데 없다니요? 감동과 행복이 불만으로 변하는 것은 그리 오래 걸리지 않습니다.

앞에서 '원하지 않을 때는 주지 마라'라고 했죠. 같은 맥락입니다. 원하는 것 이상을 주면 잠깐의 훈훈함이 감돌기는 하겠지만, 필요 이상으로 주었던 그만큼은 그때부터 바로 기준치가 됩니다. 더 준 만큼 기대치가 상승한 것이죠. 상대에게 비싼 선물을 주고, 직원의 급여를 대폭 인상하여 뿌듯합니다. 그 순간에는 연인 간의 애정을 외치고 노사 간의 단합을 외칩니다. 그러나 앞으로도 지속적으로 그만한 선물과 급여 인상을 계속 유지하기 어려울 정도로 빠듯하다면, 그러면 안 됩니다. 애정과 단합을 외치던 메아리는 불만이라는 부메랑으로 돌아옵니다.

저는 이것을 '기대치 관리'라 부릅니다. 상대방에게 10 정도 잘하던 사람이 7~8로 하면 상대방은 섭섭해합니다. 반면에 평상시 1 정도 하던 사람이 3~4만큼 하면 상대방은 고마워합니다. 5~6이 되면 감격하고, 7~8은 꿈도 안 꿉니다. 같은 7~8인데 이렇듯 다르니, 관리해야 하겠지요.

상대를 곁에 잡아두고 상대의 기대를 유지하려면 '기대치 관리'를 해야 합니다. 한꺼번에 줄 수 있는 것을 다 주었다는 것은, 상대에게 최대치를 주었다는 것입니다. 최대치를 알게 된 상대는, 최대치에 충족된 상대는 떠납니다. 더 이상 기대할 것이 없다는 것을 알기 때문이죠. 강조하지 않았습니까? 상대가 스스로 애쓰고 애타게 하자고요. 충족되지 않게, 충족하지 않게 해야 합니다. 엄청난 성능, 놀라운 기능을 개발했어도, 파격적인 서비스를 마련했어도, 다 주면 안 됩니다. 조금씩, 밀당의 고수처럼 조금씩 주어야 합니다. 늘 기대하고 항상 충족되지 않은 욕망을 간직하게끔 말입니다.

줄 것과 안 줄 것을 명확히 하라는 것이 '절제적 호의'라면, '조절적 호의'는 주되 조금씩 주라는 의미입니다. 너무 많이, 줄 수 있는 최고로 많이 주는 것은, 종종 낭패의 원인이 되어 소중한 고객을 떠나게 합니다.

삼성화재 블루팡스는 통산 8회 우승, 챔피언 결정전 7연패를 기록한 명문 배구구단입니다. 모기업의 전폭적인 지원으로 당대 유망주를 포함한 최고 기량의 선수들을 대거 영입하면서 국가대표급 라인업을 팬들에게 선사했습니다. 그런데 블루팡스는 최고의 전력으로 3년 2개월간 무패 행진, 77연승의 기록을 세웠지만, 한동안 환호를 지르던 팬들은 떠났습니다. 블루팡스 팬들만 떠난 것이 아닙니다. 시즌 성적과 순위의 고착화로 인해 남자 배구리그 자체의 인기가 식어갔기 때문입니다. 블루팡스의 연승이 이어질수록 배구계는 침체에 빠진다는 평이 지배적이라고 합니다. 침체에 빠질 정도는 아니었지만, 프로야구 역시 그랬습니다. 삼성왕조 시절도 재미없기는 마찬가지였습니다. 선동렬 감독의 빼어난 투수운영으로 앞서는 경기의 마지막에 등장하는 끝판왕 오승환. 그러면 관객은 야구장에서 일어섰고, 시청자는 채널을 돌렸습니다. 빤하니까요.

고객은 항상 뭔가가 더 있다고 생각해야 떠나지 않습니다. 덴마크 쥬얼리 브랜드 판도라PANDORA는 그것을 잘 알고 있죠. 대표 상품인 판도라 팔찌는 완성품이 아닙니다. 기본 팔찌에 끼울 수 있는 참, 펜던트, 클립 등으로 불리는 장신구를 계속 출시하는 것이죠. 다채로운 장신구로 다채로운 연출이 가능한, 소위 '변형 주얼리' 개념입니다. 고객은 기다리고 기대합니다. 새로운 장신구가 나오기를, 새로운 장신구를 끼울 날을 기다리며 벗어나지 못합니다. 절대 판도라의 판도라 상자를 열어볼 수가 없으니 계속 기대하는 것이겠죠.

이왕 명품 얘기가 나왔으니 백화점 얘기도 해볼까요. 백화점 멤버십이야말로 '조절적 호의'의 손쉬운 예라 할 수 있습니다. 조금씩 줍니다. 등급이 올라갈수록 조금씩 혜택을 올려줍니다. 최근에는 VIP등급의 진입조건을 대폭 낮춰 더 많은 고객으로 하여금 더 높은 등급을 얻고자 하게끔 유도하고 있습니다. 실제로 신세계 백화점의 경우 2018년 기준 VIP 엔트리 등급인 RED는 77% 증가했으며, 그중 20~30대 비중이 30%나 증가했다고 하네요. 그렇다면 이게 다일까요? 당연히 아닙니다. VIP위에 VVIP, VVIP 위에 VVVIP가 있겠지요. 끝없는 욕망의 단계가, 욕망의 계단이 있습니다. 참고로 최고 등급의 멤버십은, 신세계 백화점의 경우 연간 구매 금액

최상위 999명에게 주어집니다. 갤러리아 백화점은 최상위 0.1%이고요. 롯데 백화점은 명품 결제 금액 기준 1억 원 이상이 되어야 한다 합니다. 언감생심입니다.

뭔가 계속 진행되게 하라 – 단속적 참여 베타

'중독' 하면 뭐가 연상되나요? 알코올중독, 마약중독같이 어두운 세상도 있습니다만, 밝은 세상에서도 많이 보입니다. 스마트폰중독, 게임중독 같은 것이요. 중독은, 없어지거나 하지 않으면 몹시 불편함을 느껴 특정 사고나 행위에 편향되는 증세입니다. 습관보다 의존 성향이 더욱 강력하죠. 단어의 뜻을 쉽게 이해할 정도로 누구나 중독의 경험이 있습니다. 경험자로서, 제가 어떻게 게임에 중독되었는지를 고백할게요.

일단 게임을 설치하고 이것저것을 해봅니다. 게임사나 게임개발자 입장에서는 이 초반 진입 단계가 관건이죠. 사용자를 중독시켜야 하는 '골든타임'이라는 겁니다. 사용자는 이것저것 해보다 대다수는 떠나고 앱을 삭제합니다. 그러나 일부는 골든타임에 경험치를 차곡차곡 획득하고 레벨을 올립니다. 점점 빠져드는 것이죠. 그까짓 경험치와 레벨이 뭐라고, 슬슬 손놀림이 빨라지고 눈도 충혈됩니다. 밥 먹을 때도, 지하철 탈 때도, 친구를 만나도, 수업시간에도, 회의시간에도, 잠자리에 누워도, 심지어 잠을 잘 때도 꿈에서 생각합니다. 남에게 차마 떳떳이 밝히지는 않지만, 레벨업과 아이템 획득을 위해 '현질'도 합니다.

중독을 유발하고 때론 삶을 피폐하게 하는 게임이지만, 배울 것도 많습니다. 중독의 귀재답게 잘 나가는 게임은 절대 놓아주지 않습니다. 절대 충족시켜주지 않습니다. 무인도를 탈출하고, 적과 좀비를 섬멸하고, 천하를 통일하고, 태평성대를 이루는 것이 목표지만, 그 목표는 좀처럼 도달하기 어렵습니다. 제가 중독된 게임 '라스트 데이 온 어스Last Day On Earth'에도 '라스트 데이'는 없습니다. 엄밀히 말해 최종 목표는 중요하지 않습니다. 게임사나 사용자 모두에게요. 그저 싸우고 물리치고, 획득하고 건설하고, 경험치와 레벨을 올리고…. 중독된 것이죠. 그 사이에 광고 보고, 현질 하고, 게임사는 돈 벌고….

끊임없이 목표를 설정해줍니다. 레벨을 올리라고, 올리면 뭔가 좋은 일이 있을 거라고. 끊임없이 이벤트를 열어줍니다. 이벤트에 참가해 경험치를 쌓으라고, 쌓으면 뭔가가 좋아질 것이라고. 전자를 '레벨업level up 전략', 후자를 '마일스톤

milestone 전략'이라 부를 수 있습니다. 계속 진행하게 해서 빠져나오지 못하게 하는 전략들이죠. 더 나아가서는, 게임을 끄고 게임을 하지 않을 때에도 진행되게 합니다. 시간이 경과되면 뭔가가 진행되어서, 게임을 켜고 다시 게임을 하면 뭔가를 보상받게 합니다. 그렇게 다시 게임하라고 충동질하는 겁니다. 지독하죠. 저는 이것을 '타임즈업 time's up 전략'이라 부릅니다. 레벨업 전략, 마일스톤 전략, 타임즈업 전략, 써먹을 데가 많습니다. 경영전략과 인생전략에도요.

앞에서 '욕망이라는 이름의 전차'는 묘지를 거쳐 여섯 블록을 지나 극락에 도달한다고 했죠. 기껏해야 2 또는 8개 레벨 혹은 마일스톤이네요. 아, 아닐지 모르겠습니다. 극락이 만일 왕생극락으로 이어진다면, 극락에 도달해서 다시금 태어나 욕망이라는 이름의 전차를 타겠네요. 어쨌거나 충족되지 않게, 절대 끝내지 말아야 합니다. 자나 깨나 뭔가 계속 진행되게 해야 합니다. 직접 하고 있든, 안 하고 있든, 보고 있든, 안 보고 있든, 뭔가를 계속 진행시켜야 합니다. 뭔가 계속 진행이 되고 있으니 안 하고 있다가도 해야 하고 안 보고 있다가도 보아야 합니다. 그런 의미에서 '단속적 참여'죠. 단속적 참여 베타는 충동질합니다. 끊임없이 욕망을 충족하라고. 끊김 없이 자발적으로 계속 애쓰라고요.

한두 번이라도 모바일 게임을 해보았다면 알 겁니다. 게임을 하고 있지 않아도, 게임을 켜고 있지 않아도 게임 속 시간은 흘러갑니다. 시간이 흘러가며 아이템도 쌓이고 식량도 축납니다. 게임은 자꾸 종용합니다. 얼른 게임을 켜고 참여하라고. 게임에 다시 참여해야 아이템도 획득하고 굶어 죽지도 않죠. 최근 발매된 다수의 게임은, 게임을 켜두기만 하면 자동으로 사냥하고 캐릭터가 육성되기도 하는 '자동사냥'까지 지원하고 있습니다. 절대 놓아주지 않습니다.

문득 포켓몬고가 떠오르네요. 왜 뭔가가 계속 진행되게 하지 않았을까요. 포켓몬고처럼 글로벌하게 대히트한 게임이 그토록 단기간에 인기가 식은 사례는 드문 것 같습니다. 서비스 개시 1년 만에 인기가 대폭락했었죠. 느린 콘텐츠 업데이트가 흥행가도를 가로막았고, 다시 게임을 켜고 참여하고자 하는 흥미가 사라진 고객은 바람과 함께 사라졌습니다.

'순간'의 흥망성쇠 포켓몬고를 언급하니 생각나는 기업이 있습니다. 근자에는 순식간에 급성장한 기업이 많잖아요. 이름부터 '순간'을 강조한 스냅챗도 그중 하나입니다. 스냅챗은 기본적으로 사진이나 영상을 텍스트와 함께 전송해주는 서비스입니다. 그런데 다른 SNS와 구분되는 특징은 바로 이름에도 들어간 '순간' 방식이죠. '순간 사진'을 스냅샷이라 하듯이 스냅챗은 '순간 대화'를 염두에 두고 개발된 것입니다. 메시지를 받은 사람이 볼 수 있는 시간은 최대 10초이고, 시간이 지난 이후에는 받은 사람의 단말기에서도, 스냅챗 서버에서도 영구삭제 되는 방식이죠. 이러한 '휘발성' 메시지에 대한 호응의 이유로 보안성과 프라이버시를 자주 꼽습니다만, 놓치지 말아야 할 요인이 또 있습니다. 자꾸자꾸 스냅챗을 들여다봐야 합니다. 메시지가 사라지니까요. 메시지의 확장 버전인 '스토리' 또한 24시간 후 사라집니다. 친밀한 사람의 메시지와 스토리를 빠뜨리게 될까, 놓치게 될까 자꾸 열어봅니다. 자꾸자꾸 참여하게 합니다.

그러나 스냅챗은 급성장한 만큼 급쇠퇴하고 있습니다. 다른 경영상의 약점도 있습니다만, 페이스북의 자회사인 인스타그램이 스냅챗의 강점인 '순간 기능'의 '스토리'를 따라 한 서비스를 개시한 것이 컸습니다. 아무래도 7억 명의 이용자를 보유한 인스타그램이나 전 세계 20억 명이 넘는 사용자 인프라를 가진 페이스북과의 경쟁이 버거웠겠지요. 이렇게 저렇게 끌어들여 참여하게 하는 데는 페이스북, 인스타그램이 아직 최고니까요. 스냅챗의 성공신화 역시 '순간'으로 전락하고 있습니다. 다음은 그 '순간'이나마 부여잡고 적극적으로 강력하게 활용하는 베타입니다.

잊지 못할 순간을 제공하라 — 집중적 고양 베타

상대는 바보가 아닙니다. 아무리 훌륭하지 않다고 해도 당신의 고객은 아무데나 쉽사리 빠져들 만큼 나약하거나 한가하지 않습니다. 빠져들 무언가를 제공해야지요. 사람들은 몇 가지 계기가 있을 때 빠져듭니다. 누군가에 대해 깊은 호감을 갖게 되고 특정 상품과 서비스에 대해 깊은 호의를 갖게 되는 계기는, 의외로 길지 않은 순간인 경우가 많습니다. 순간의 계기와 사건으로 깊은 인상을 받고 잊지 못하게 됩니다. 그 인상으로, 그 순간으로 인해 헤어나지 못할 늪으로 빠져드는 것이죠.

추억해보세요. 대학생활, 연애기간을 떠올리면 무엇이 기억나나요? 애틋한 추억은 무엇으로 구성되어 있나요? 고객이 당신의 상품에 집착하는 것은 상품이 가진 모든 기능과 효용 때문이 아닙니다. 특정 일부에 감탄한 것이고, 그 감탄의 순간 때문에 당신의 상품에 중독되는 것입니다. 그러니 제공해야죠. 빠져들게 하려면, 잊지 못할 순간을 선사해야죠. 그래야 빠져든 그다음에 한꺼번에 다 주든 말든, 뭔가 계속 진행되게 하든 말든 하겠지요.

'절정-대미peak-end 법칙'이라는 게 있습니다. 사람들이 경험을 평가할 때 대개 2개의 중요한 순간을 기준점으로 삼는다고 합니다. 절정의 순간과 마지막 순간이라는 거죠. 하나 덧붙이자면 처음 순간도 그렇겠죠. 그 사람을 처음 봤을 때, 그 사람과 절정의 행복을 느꼈을 때, 그 사람을 마지막으로 떠나보냈을 때가 잊지 못할 순간입니다. 칩 히스Chip Heath와 댄 히스Dan Heath는《순간의 힘》에서 잊지 못할 순간을 제공하는 많은 방법을 제공합니다. 참조하기 바랍니다.

단지 마지막 순간이 중요하다고 마지막이 마지막이라 간주하는 것은 피해야 한다는 것을 노파심에 한 번 더 강조하고 싶습니다. 마지막은 바로 그다음으로 이어지는 마일스톤에 불과합니다. 경험 있죠? 미드 중독. 원조는 한국 드라마라고 하는데, 한 편이 끝나는 마지막 부분에 다음 편을 보지 않고는 못 배기게 하는 장면들을 짧지만 강렬하게 부각하잖아요. 하여튼 마지막은 없어야 합니다.

'잊지 못할 순간'이 선행되어야, 일단 빠져들게 해야, 다음이 있습니다. 그러니 다른 '중독방법'에 앞서 '잊지 못할 순간'을 만드는 법을 생각해두는 게 좋겠죠. 그럼에도 역시 마지막에 배치한 것은, 또 다음 장에 나올 베타의 각성과 관련이 있어서입니다. 끊어질 듯 끊어지지 않게, 마지막이 마지막이 아니게, 다 주지 않고 뭔가 계속 진행되게, 충족되지 않게 하려는 제 나름의 실천이고 노력입니다. 가상히 여겨주었으면 합니다. 가상히 여기며 다음의 사례도 읽어보세요. 그리고 다음 장으로 넘어가죠.

요새 은행 자주 가세요? 웬만해서는 갈 필요도 없고 웬만해서는 가고 싶지도 않습니다. 그런데 미국 오리건주에는 웬만하면 가고 싶은 은행이 있다고 합니다. 소규모 지방은행인 움프쿠아 은행UMPQUA Bank은 1980년대 이후 지역의 벌목 산업이 쇠퇴하여 내점 고객이 감소하면서 경영 위기에 봉착하죠. 그러나 웬일인지 1995년부터 연평균 무려 30%에 가까운 성장을 기록했고 점포수도 10배 이상 증가했습니다. 이유는 '프리티 쿨 호텔Pretty Cool Hotel' 캠페인 덕분이었습니다. 은행의 내외부 디자인과 서비스를 최고급 호텔 수준으로 맞추어 고객에게 감동을 주자는 캠페인이지요. 쾌적한 공간에서 무료로 고급 커피도 마시고 미술작품도 관람하며 요가수업도 받습니다. 움프쿠아에 가면 좋습니다. 감정이 고양됩니다. 기껏 수수료, 이율이 조금 차이나도 어떻습니까? 이미 고객들은 자신의 삶에 들어선 움프쿠아의 금융상품을 선택하는 데에 주저하지 않습니다. 실제로 이러한 '슬로우 뱅킹 서비스'를 도입한 후 평균 예금액이 130%, 금융상품 판매액이 200%나 증가했다고 하네요.

고객은 기업의 제품과 서비스 전반에 모두 만족하는 것은 아니라고 했죠. 아주 특정 일부, 일부분에 대해, 인식에 박히고 마음에 꽂히는 만족을 하는 것이죠. 만족이 클수록, 감동일수록 그 효과는 다른 부분으로 흘러넘칩니다. 기업이 야심차게 준비한 집중적인 고양책 한 방으로 모든 것이 만사형통일 수 있습니다. 감동으로 고양된 고객에게 다른 사소한 것은, 아니 다른 것은 사소하게 보이게 됩니다.

신선식품 시장에 신선한 충격을 준 마켓컬리. 마켓컬리 하면 단연코 '샛별배송'입니다. 당일 주문하면 다음 날 새벽에 배송된다 하여 '새벽배송'으로도 혼용되죠. 신선식품에 대한 관심 증대, 가정간편식 시장의 확대, 전지현 광고효과 등의 요인도 있겠지만, 역시 마켓컬리의 성공요인은 '샛별배송'입니다. 아주 강력하고 강렬하게 기업의 브랜드 이미지가 도드라지면서 마켓컬리의 다른 역량은 상대적으로 구체적인 평가가 유보된 상태입니다.

현재 가치 중심으로 마켓컬리를 보자면 낙제 기업입니다. 누적적자가 600억 원에 달하고 있으니까요. 하지만 계속 대규모의 투자를 유치하는 데 성공하고 있습니다. 현재 가치와는 다른 잣대를 들이대는 미래 가치로만 보면 마켓컬리는 승승장구 진행형입니다. 새벽 문 앞에 배달된 예쁘장한 컬리 박스에 중독된 고객들을 되찾고자 경쟁 대기업들은 노심초사하며 따라 하고 있습니다. 과연 고객과 시장의 집중적인 고양 전략으로 달려온 마켓컬리가 언제까지 다른 취약점을 잠재울 수 있을지 지켜보는 것도 흥미롭습니다. 과연 언제까지 잊지 못할 순간의 약발이, 중독의 약효가 있을지 지켜볼 일입니다.

3부

[베타의 각성 세 번째]

오직 순간의 진실이다

BETA STRATEGY

완벽하고 훌륭한 순간

사진을 찍는 것이 일상이 되었습니다. 맛집에 도착하면 일단 입구에서 한 장, 실내에서 한 장 찍습니다. 차려진 음식 앞에서 한 장, 이리저리 음식과 그릇의 배열을 달리해서 또 한 장 찍고, 옆자리에서 식사한 동료와도 한 장, 같이 식사한 모두와 단체 사진도 한 장 찍습니다. 문서 찍고, 자료 찍고, 화면 찍고, 명함 찍고⋯. 이전에는 고작 인물이나 풍경을 찍는 게 고작이었는데 말이죠. 그럴싸한 카메라를 항상 손에 들고 다닐 필요도 없고, 필름을 사서 넣을 필요도 없으며, 찍은 사진을 인화하지 않아도 되니 맘껏 찍고 또 찍고⋯. 다시 열어 보지 않는 사진도 수두룩한데 그래도 찍고 또 찍습니다. 설사 다시 보지 않아도, 기록용으로 한 번 보고 지울지라도, 일단 찍어야 합니다. 어차피 남는 건 사진밖에 없고, 어쩌다 완벽하고 훌륭한 순간의 사진도 건지니까요.

사진은 렌즈로 평면에 입체의 상을 투영시킨 후 이를 감광물질에 기록한 것입니다. 입체를 평면에 담은 것이고, 입체의 생동을 평면에 고정한 것이죠. 살아 있는 것의 움직임과 살아 있지 않은 것의 변화를 무시하고 한순간으로 고정합니다. 영원한 존재와 존재에 대한 인식을 거부하고 그저 순간으로 포착하는 것이죠. 사진photography은 '빛'을 뜻하는 그리스어의 '포스phos'와 '그린다'를 의미하는 '그라포스graphos'의 합성어이니, 어원만 보아도 '영원의 빛을 순간의 모습으로 그려내고자 하는 것'이 사진인가 봅니다.

이렇듯 사진을 찍는 원리는 과정상, 영원한 존재의 인식을 순간의 모습으로 변환하는 것입니다. '영원을 순간으로'죠. 그런데 우리가 사진을 찍는 이유는 실상 정반대입니다. 지나치면 안 되는 순간, 흘려보내기 안타까운 순간을 영원히 기억하고자 함이겠죠. 네, '순간을 영원으로'입니다. '영원을 순간으로'가 '순간을 영원으로'로 바뀝니다. 우리가 사진을 작품의 반열에 올리고 예술의 경지로 추앙하게 된 계기도, 어쩌면 사진 찍는 원리와 이유의 뒤바뀐 흐름에 기인하고 있지 않나 싶습니다.

수년 전 한 작가의 사진전을 관람하고 돌아오면서, 그 작가가 포착했던 짧은 순간을 꽤 긴 시간 동안 생각해보았습니다. '거장의 탄생', '영원한 풍경', '순간의 영원성', 3가지 테마로 구성한 사진전의 주인공은 바로 앙리 카르티에 브레송 Henri Cartier Bresson입니다. '사진을 예술로 격상시킨 위대한 작가', '포토저널리즘의 아버지' 등으로 칭송받는 그이지만, 그에게 따라붙는 결정적 수식은 뭐라 해도 '결정적 순간'입니다.《결정적 순간 Henri Cartier-Bresson : The decisive moment》은 그의 사진책의 제목이자 그의 사진예술론의 상징으로, 어떤 상황이나 인물의 진수를 순간적으로 포착하는 것의 중요성을 나타내는 대명사가 됩니다. 유명한 일화로, 그는 지나가는 행인이 빗물로 생긴 웅덩이를 훌쩍 뛰어넘는 순간을 찍기 위해 하루 종일 웅덩이 근처에 잠복했다고 합니다. '생라자르 역 뒤에서' 같은 사진을 찍기 위해서요. 그는 얘기하죠.

"항시 구성에 관심 가져야 한다. 우리는 일시적인 순간을 포착하려 애쓰는데, 연관된 것들의 관계는 항상 움직이니 말이다."

브레송에게 순간이란 순간이 아니었나 봅니다. 특히 결정적 순간은, 그에게는 영원으로 가는 구성과 관계의 표상이었

앙리 카르티에 브레송, '생라자르 역 뒤에서', 파리, 1932년.

나 봅니다. "사진은 영원을 밝혀준 바로 그 순간을 영원히 포획하는 단두대이다."라고 한 것만 보아도 그렇군요.

'순간瞬間'은 아주 짧은 시간입니다. 한자 그대로, '눈 한 번 깜짝할 사이'죠. 비슷한 용어로 '순식간瞬息間'은 '숨 한 번 쉴 사이'도 포함하고, 별안간瞥眼間은 '눈길 한 번 돌릴 사이'랍니다. 눈 한 번 깜짝하기와 눈길 한 번 돌리기, 그리고 숨 한 번 쉬기 중 어느 것이 더 짧은지는 모르겠지만, 암튼 지극히 짧은 시간을 지칭하는 것은 맞습니다. 그러고 보니 불교용어인 '찰나刹那'도 있네요.

개인적으로 불교는 종교라기보다는 심오한 철학으로 다가옵니다. 자연에 묻힌 고요한 절의 분위기나, 그 분위기에서 빠져드는 심연의 명상에 대한 경험이 있어 그런가 봅니다. 철학은 수학과 맞닿아 있고, 이 둘은 논리라는 도구를 공유하고 있습니다. 현대의 철학자와 수학자는 다른 길을 걷지만, 적어도 옛날에는 구분이 모호했습니다. 그래서 그런지 불교에서도 상당한 논리적 노력이 발견됩니다. 시간의 개념을 구체화하기 위해 시간의 극소 단위를 나타내는 여러 표현이 있는데, '찰나'는 1/75초, 약 0.013초에 해당한다고 합니다. 한편 물질의 미세 단위도 있는데 이를 '극미極微'라 한다나요.

이런 단위들은 불교의 '존재론'적 접근방식에 해당합니다.

흔히 알려진 바로는, '존재론'은 서양이고 동양은 '관계론'에 가깝다는데, 동양철학의 뿌리라 할 수 있는 불교에도 존재론이 있군요. 물론 사물과 시간의 본질을 '공空'으로 보는 대승大乘 불교에서는 이러한 존재론적 사상을 부정하기도 합니다. 한편, 서양철학에서 순간을 처음으로 개념화한 이는 플라톤입니다. 순간을 '운동과 정지 사이의 일종의 기묘한 것이어서 시간 속에는 존재하지 않는 것'이라 규정했으니, 순간에 대한 그의 사상을 '존재론'이라 일컫기는 어렵겠네요. 후에 키르케고르는 플라톤의 규정을 언급하며 순간을 '영원한 현재'로 명명했습니다.

갑작스러운 철학 얘기에 당황했나요? 완벽하고 훌륭한 순간을 알자면, 어떤 순간이 완벽하고 훌륭한지, 그 완벽하고 훌륭한 순간이 얼마나 오래갈 수 있는지를 따져봐야 하겠지요. 그렇다면 또, 만일 영원이 순간이 되고, 순간이 영원이 될 수 있다면, 완벽하고 훌륭한 영원도 있을지 알아봐야겠지요. 지나친 바람일까요?

그래서 이번에는 순간을 탐구하기 위해서, '존재와 관계'에 대해, 존재론적 접근과 관계론적 접근을 정리해보렵니다. 철학적 상식은 가볍게 끝내고, 이를 4차 산업혁명 시대의 총아인 인공지능의 접근방식으로 연결하겠습니다. 기대해도 좋습니다. 조금만 집중하면 됩니다. 어차피 제가 철학자도 아니니 대다수의 독자 여러분과 같은 눈높이에서 과감하게 간략 정리를 해보겠습니다.

《베타의 요약 — 존재론과 관계론》

대개 동서양의 인식 차이를 얘기할 때 이런 예를 많이 듭니다. 영어 교과서는 'I am a boy. You are a girl.'로 존재를 지칭하는 것으로 시작되나, 한자 교육은 '천지현황天地玄黃', 즉 하늘은 검고 땅은 누르다는 비교적 관계를 설명하며 시작합니다. 대화에서 차 한 잔을 더 권하더라도, '(Would you like to have) More tea?'와 '(차) 더 마시겠습니까?'는 큰 차이를 보입니다. 서양인은 존재 이름인 '명사'를 내세우는 데 비해, 동양인은 관계를 설명하는 '동사'가 앞섭니다.

그리스 문명에 기초한 서양은 개인을 중시하고, 중국 문명의 동양은 집단을 중시하니, 서양은 개인의 존재에, 동양은 집단의 관계에 더욱 무게를 둔다는 것이죠. 의학도, 개별 부위에 대한 치료가 발달한 서양과 신체의 전체적인 균형을 추구하는 동양을 대비하기도 합니다.

신영복은 동양의 관계론에 대한 우월성을 남다르게 주

장합니다. 서구의 패권주의를 자기증식을 운동원리로 삼는 존재의 필연적 귀결로 봅니다. 인간의 관계, 인간과 자연의 관계를 우선시하는 동양사상이야말로 인류의 미래와 세상의 질서에 꼭 필요한 것이라 설파합니다. 제가 동양의 동양인이라 그런지 공감이 가는 부분이 많습니다. 관심 있으면 무난하게 볼 수 있는 책으로 그의 저서 《강의》를 권합니다.

그러나 서양철학이 그리 호락호락하지 않습니다. 소크라테스, 플라톤, 아리스토텔레스부터 토마스 아퀴나스까지 고대 중세 철학은 '진리가 무엇인가?', '존재란 무엇인가?'에 대한 답에 매달립니다. 주로 'what(무엇)'의 문제인 것이죠. 철학philosophy이라는 어원도 '지혜sophia'를 '사랑philos'하는 것이니, 추구하는 '무엇'이 뚜렷합니다. 포괄적으로 존재론에 가깝겠죠. 하지만 데카르트, 칸트, 헤겔 등으로 이어지는 근대철학은 '진리나 존재를 어떻게 아는가?'라는 'how(어떻게)'의 문제에 입각합니다. '어떻게'는 인식의 흐름이고 흐름은 관계로 이어집니다. 그러니 섣불리 서양철학을 이렇다 저렇다, 한쪽으로 기울어져 있다고 단언하면 안 되겠죠. 좀 더 넓은 관점에서, 역사와 문화의 근저에서 동서양의 차이를 구획하는 것이 맞으리라 봅니다.

오히려 다른 논점에 관심 가질 필요가 있습니다. 물론 존재와 관계의 접근방식의 연장선상에 있으며, 가장 상식적인 철학 상식이기도 합니다. '합리주의'와 '경험주의'입니다. 알다시피 합리주의는 논리에 의한 이성이, 경험주의는 감각에 의한 경험이 인간의 인식과 사고의 원천이라 주장합니다. 끝나지 않는 논쟁이자, 끝날 수 없는 논쟁거리이죠. 이러한 철학의 양대 축을 존재론과 관계론의 담론에 끌어들인 이유가 있습니다. 그 이유는 4차 산업혁명 기술의 총아이자, 인간을 신의 영역에 범접하게 하는 기술인, 인공지능에서 찾을 수 있습니다.

인공지능은 컴퓨터에 인간과 같은 지능을 구현하는 기술입니다. 인간의 지능은 인간의 인식과 사고로 이루어지니, 인공지능 연구가 철학의 명제에서 출발했음은 당연합니다. 그 출발점은 합리주의였습니다. 합리주의자의 주장처럼, 인간의 지능은 인간이 획득한 지식, 법칙, 이론 등의 이성적인 개체의 집합으로 이루어져 있다고 믿은 거죠. 지식을 기호화하고, 변환된 기호들을 연산과 논리로 잘 엮어놓으면 그것이 바로 생각하는 컴퓨터가 된다는 발상입니다. 이를 '기호적 인공지능symbolic AI'이라 부르며, 이런 인공지능의 접근방식을 '기호주의symbolism'라 합니다.

그런데 기호적 인공지능이 기대에 못 미치자 경험주의가 등단합니다. 경험주의에 근거한 인공지능 접근사상을 '연결주의connectionism'라 하죠. 기호주의, 연결주의라 번역했지만, 그냥 '심볼리즘', '커넥셔니즘'이라 불러도 좋을 듯합니다. 커넥셔니즘이 만들어낸 인공지능이 바로 '신경망neural network'입니다. 이것도 그냥 '뉴럴 네트워크'라 부르겠습니다. 커넥셔니즘은 인간의 마음보다 두뇌에 집중합니다. 마음속에 추상화된 기호보다는 두뇌 속 신경세포들의 작동방식에 주목한 거죠. 외부의 자극이 주어질 때, 신경세포들의 전체적인 반응패턴이 주된 관심사지, 신경세포 하나하나의 반응은 중요하지 않습니다. 그러니 신경'망network'이라 하는 것이죠. 이렇게 생각하면 쉽습니다. 컴퓨터 모니터는 수십, 수백만 개의 픽셀pixel로 이루어져 있습니다. 그 픽셀 하나하나는 아무런 의미를 전달하지 못하지만 전체의 화면에는 선명한 그림이 나타나죠.

정리하자면 이렇습니다. 합리주의에서 유래한 기호적 인공지능은 세상의 모든 존재에 의미와 기호를 부여합니다. 개별 기호들을 논리로 조작하여 인간의 사고가 생성된다고 하죠. 반면 경험주의와 관통하는 신경망은 집단으로 봅니다. 경험이 쌓인다는 것은, 곧 집단 내 개별적인 것들

사이의 관계에 변화가 생기는 것이고, 그것을 지능이 생성되는 과정으로 보는 것입니다. 키워드를 정리하면, 합리주의는 합리(이성), 기호적 인공지능은 개별 기호, 반면 경험주의는 경험, 신경망 인공지능은 집단 망(네트워크)입니다.

자, 이제 알았겠죠? 합리주의와 기호적 인공지능은 개별에 초점을 맞춘 존재론적 접근성향이 강합니다. 반면에 경험주의와 신경망은 집단의 네트워크에 초점을 둔 관계론적 접근성향이 강하고요. 왜 합리주의와 경험주의를 들먹였는지, 왜 인공지능에도 존재론과 관계론의 쟁점이 스며들어 있는지를 이제는 알았을 것입니다.

철학적 사유도 이성과 경험, 어느 한쪽에만 의지할 수 없듯이, 인공지능의 발전도 마찬가지입니다. 기호적 인공지능과 신경망 인공지능은 서로의 장점을 취합하며 눈부신 발전을 견인하고 있습니다. 마치 존재와 관계의 접근방식이 서로 떨어질 수 없는 동전의 양면인 것처럼요.

단지 작금의 상황은 관계 중심의 신경망이 대세인 것은 맞습니다. 신경망 인공지능은 경험을 먹고 성장합니다. 그리고 이 경험은 다른 말로 '데이터'죠. 근자의 인공지능 고도화의 관건은 바로 이 데이터입니다. 우량한 알고리즘이 개발되고 이들이 점차 개방되면서 관건은 너도나도 데이터입니다. '데이터 경제'가 부상되고 '데이터 비즈니스'가 부각되며, 쏟아지는 데이터를 수집하고 처리하고 분석하기 급급합니다. 이 데이터를, 경험을 쌓는 것이 중요해졌습니다. 데이터의 패턴을, 경험의 관계를 파악하는 것이 중요해졌습니다.

'기계학습machine learning'이라는 말 들어보았죠? 논리고 뭐고 그다지 중요하지 않습니다. 무조건 양질의 데이터만 입력해주면, 알아서 배우고 익히는 게 기계학습이거든요. 어쨌거나 현재는 경험주의가, 신경망 인공지능이 우위에 있는 것 같습니다. 우리가 좀 더 관계론에 집착해야 하는 또 하나의 이유이기도 하고요.

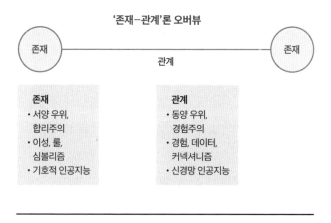

'존재-관계'론 오버뷰

많은 현자들이 순간을 '고정된 순간'으로 보지 말라 합니다. 순간을 '영원한 현재'라 일컫고, '순간을 영원으로' 만들고자 합니다. 여러 가지 이유에서 그러자고 했겠지요. 그러나 말이 쉽지 어떻게 순간이 영원이 됩니까? 눈 한 번 깜짝이면, 숨 한 번 내쉬면, 눈길 한 번 돌리면 지나가 버리는 것이 순간인데요. 어떻게 그 잠깐 사이가 영원이 될 수 있을까요? 순간은 순간인데 말이죠. 아무리 완벽해도, 제아무리 훌륭한 순간이라도 결국은 잠깐 스쳐가는 것인데, 어떻게 영원으로 끌고 간단 말입니까?

분명한 것은, 순간을 '시간의 특정 시점'으로 보아서는 안 된다는 것입니다. 그렇게 되면 단지 순간은 순식간이고 별안간일 뿐입니다. 고작 1/75초라고 하지 않습니까? 시간의 상식을 파괴한 아인슈타인이라 해도 순간을 늘려낼 수는 없습니다. 뭔가 다른 관점으로 보아야 하겠지요. 후대에 이름을 떨친 존경받는 현자의 현명함을 믿어보자면, 뭔가 다른 설정의 '순간'을 포착해야 할 듯합니다.

역시 답은 '존재와 관계', 즉 앞서 장황하게 설명한 존재론과 관계론에 있습니다. 그러니까 장황했겠지요. 일단 조금 더 들어보세요.

앙리 카르티에 브레송이 포착하려 했던 결정적 순간은 순간이 아니었습니다. 셔터를 누르고 필름의 프레임이 돌며 평면에 투영된 입체의 움직임은 채 1/75초도 되지 않는 순간이지만, 우리의 눈과 마음에 각인된 그 순간은 짧은 순간이 아닙니다. 지나가는 행인이 훌쩍 뛰어넘길 기다리며 빗물 웅덩이 옆에 쭈그리고 앉아 있던 그 온종일의 시간을 얘기하자는 것이 아닙니다. 종일 브레송의 눈동자와 그의 라이카 카메라 렌즈에 비친 웅덩이의 모습, 웅덩이에 비친 건물의 모습, 그 주변 여러 시설물의 모습, 그 모든 것을 에워싸는 하늘, 건물을 가로질러 뛰는 행인의 (연상된) 모습, 웅덩이에 비추어진 행인의 (연상된) 모습, 그들을 시시각각 감싸는 빛과 명암…, 이런 것들의 움직임입니다. 이들의 움직임이 교차하는 모든 시간이고, 그들이 순간으로 포획된 것입니다. 그 포획된 순간에서는, 브레송의 말마따나 온갖 것들의 구성과 관계가 꿈틀거리며 움직이고 있겠지요. 그 생동감이 영원한 현재로 남은 결정적 순간이겠지요. 그는 이렇게도 말했습니다.

"나에게 결정적 순간이란, 눈 깜짝할 찰나에 어떤 사실의 의미와 형태의 조화를 동시에 인식하는 것이다."

이런 얘기를 하고 싶은 겁니다. 어떤 사물이나 풍경이 존재합니다. 하나하나의 객체로 존재하는 것이죠. 풍경을 구성하는 사물들이나, 개개의 사물들을 구성하는 더 작은 부분들 역시 객체로 존재합니다. 우리가 하나의 객체를 정지된 시간과 고정된 관념으로 본다면, 그것의 존재를 본 것입니다. 이 경우의 순간은 0.013초라는 찰나의 순간이죠. 그러나 만일 사물의 구성으로 사물을 보고, 사물들로 어우러진 풍경을 본다면, 그것들의 관계를 본 것이죠. 이때 순간은 결정적 순간이 되고 영원으로 나아가게 됩니다. 사물은 고정된 객체로 존재하지만, 그들의 관계는, 우리의 인식에 자리한 그들의 관계는 움직이고 있으니까요. 잔상과 여운으로 계속 남아 있으니까요.

관계의 시각으로 볼 필요가 있습니다. 설사 정지된 순간, 고정된 사물이라도 구성과 관계의 관점으로 보아야 합니다. 시간의 흐름에 따른 관계, 공간 구성으로 인한 관계를 잡아채야 순간에서 영원으로 가는 길목에 다다를 수 있다는 얘기였습니다.

섬뜩한 얘기도 하나 드리겠습니다. 장례식장에서 주검을 처리하는 사람들은 주검의 얼굴을 기억하지 못한다고 합니다. 기억하기도 싫겠지만요. 이유인즉슨, 주검에는 표정이 없으니까요. 눈코입이 살아 움직이지 않으니 이들의 관계로 구성된 표정이 없어서 기억하지 못하는 겁니다. 그렇습니다. 우리가 누군가의 얼굴을 기억한다는 것은, 그의 눈코입을 하나씩 기억하는 것이 아닙니다. 표정으로 나타나는 눈코입의 관계의 조화로 그의 인상人相을 인상印象으로 각인시키는 것입니다.

'인상'이라는 단어가 나왔으니 덧붙이자면, 회화에서 '인상주의印象主義'는 빛과 함께 시시각각으로 움직이는 색채의 변화를 순간적으로 포착하려 노력한 미술사조입니다. 브레송의 노력과 크게 다르지 않네요. 모네와 마네, 고갱과 고흐의 그림을 보면 압니다. 그들이 그린 정물과 풍경은 그때그때 다릅니다. 그때그때 빛이 다르니까요. 엄연한 존재가 빛과의 관계에 따라 달라집니다. 순간의 모습이 영원한 인상으로 남습니다. 존재를 관계로 보니 가능한 것이지요.

당신 인생의 절정의 순간은 언제였나요? 그 순간을 어떻게 떠올리고 있나요? 하나의 인상, 한 조각의 추억으로 떠올립니다. 바라던 대학에 입학하던 날 찍었던 사진을 다시 봅니다. 순간의 모습이죠. 순간을 담은 사진이지만 그날 청명했던 하늘, 청량했던 공기, 옆에 서 있는 아버지의 웃음, 어머니의 주름, 그리고 꽃다발, 꽃다발의 향기, 설렘, 기대감…, 이들 모두가 동시에 다가옵니다. 순간이지만 절대 순간으로 머무는 순간은 아니지요. 존재이지만 절대 각각의 존재로만 머물지 않는 존재입니다.

완벽하고 훌륭한 순간은 쉽사리 찾아오지 않습니다. 지나가는 행인이 뛰어넘길 기다리고, 원하는 색감을 주는 적절한 빛을 기다리고, 각고의 노력 끝에 바라던 대학에 입학하고…, 이러한 결정적인 순간은 쉽게 오지 않습니다. 그러나 일단 온다면 포착하고 포획하고, 기억하고 추억해서, 가급적 오래오래 영원으로 늘리고 이어가야 하겠지요. 그것으로 살아가는 것이 우리의 영혼이고 예술가의 혼일 것입니다.

그러기 위해서는 관계의 관점이 필요합니다. 완벽하고 훌륭한 순간을 지탱하기 위해서는, 관계의 접근방식이 요구됩니다. 이 말을 하고 싶어 꽤 많이 돌아왔습니다만, 관계의 관점은 정말 중요합니다. 저는 다른 저서에서, 많은 강연에서 강조하고 있습니다. 관계의 관점과 관계 중심의 사고방식은 새롭고 창의적인 시각, 때론 통찰의 시간까지 가져다준다고요. 여러 맥락에서 유효하리라 생각하니, 시간이 되면 다시 앞으로 가서 존재론과 관계론의 개요를 한 번 더 읽어보길 권합니다. 우리 자신의 문제에 대해 스스로 체험할 결정적인 순간을 위해서요.

"순진한 자는 순간의 진실을
영원이라 믿는다."

    모두가 영화를 좋아하지만, 모두가 좋아하는 영화는 그리 많지 않습니다. 하지만 '최고의 영화 100선', '베스트 오브 베스트', '영화사에 길이 남는' 등의 형용사로 간추려진 영화는 그런 영화에 가깝겠지요. 그런데 이들 리스트의 상위에 꼭 들어가는 영화가 한 편 있습니다. 바로 험프리 보가트 Humphrey Bogart의 매력으로 충만한 '카사블랑카'입니다. 극 중에서 쿨하고 시크한 남자의 최고봉인 남자주인공 '릭'으로 분한 험프리 보가트가 그에게 따지는 여자와 나누는 대화입니다.

이본느: "어젯밤 어디 갔었죠?"

릭: "오래전 일은 기억 못 해."

이본느: "오늘 밤에 올 거예요?"

릭: "먼 계획은 세우지 않아."

어젯밤은 오래되었고, 오늘 밤은 멀다네요. 오직 지금 현재의 순간만 있는 모양입니다. 과거와 연관 짓지 않고 미래와 관련짓지 않으면 현재는 참 쉬울 것입니다. 그냥 현재에만 몰입하면 되지요. 앞뒤 따지지 말고 그저 보이는 대로 보면 참 알기 쉬울 것입니다. 보이는 그대로가 전부니까요. 특정 시점의 순간, 특정 관점의 현상으로만 세상과 사물을 볼 수 있다면 이래저래 쉽습니다. 쉽게 생각하고 쉽게 처리할 수 있으니까요.

그래서 사람들은 존재 중심의 관점을 채용하나 봅니다. 알기 쉬운 것을 쫓는 관성이 작용해서 그런지, 사건과 사고, 사람과 사물 모두를 딱 그때, 딱 그것의 모습으로 보고자 하는 경향이 있습니다. "I am a boy. You are a girl." 하면 나와 너, 소년과 소녀의 모습을 먼저 그립니다. 인간관계도 비즈니스 관계도, 관계가 중요하다고 노상 외치지만 당신과 그대, 기업과 고객, 이렇게 각각을 먼저 보지, 이들의 관계가 먼저 눈에 들어오지는 않습니다.

앞장에서 언급한 내용입니다. 알기 쉬운 리더십 연구는 리더의 특성을 관찰하고 따라 하기였습니다. 잘 알려진 경영전략 서적은 위대한 기업의 공통점을 관찰하고 따라잡자는 내용이었고요. 완벽한 존재를 가정해 그를 따라 하고 따라잡으려고 했습니다. 리더와 기업을 둘러싼 시간과 공간, 여건과 환경, 다른 사람, 다른 조직과의 상호작용과 상호관계를 고려하기보다는, 그저 그 사람, 그 기업을 쳐다보는 것이지요. 존재 중심의 발상입니다.

훌륭한 그대, 훌륭한 고객도 그렇습니다. 나이별로, 연대별로, 세대별로 특성을 정리해서 그들은 이러저러하다고 일반화하면 쉽습니다. 이러한 그들이 저렇게 하면 훌륭하다고 말하기도 쉽습니다. 다 존재론적인 접근방식입니다.

벌써 잊은 것은 아니겠죠? 완벽한 당신과 완벽한 기업은 없다고 했습니다. 완벽함을 잊자고 했지요. 훌륭한 그대와 훌륭한 고객도 없다고 했습니다. 훌륭함도 잊자고 했지요. 완벽한 당신은 없고 훌륭한 그대도 없습니다. 완벽한 기업은 없고 훌륭한 고객도 없습니다. 완벽함과 훌륭함을 잊어야 하는 이유는, 완벽하고 훌륭한 존재가 없기 때문입니다. 어렵긴 해도, 사실 사람이나 조직이 완벽하거나 훌륭할 수 있습니다.

그러나 완벽하고 훌륭한, 결정적인 한 순간은 있을지언정 항상, 누구에게나 늘 완벽하고 훌륭할 수는 없습니다.

그렇습니다. 완벽하다는 것, 훌륭하다는 것은 절대적인 것이 아니고, 시간에 따라, 대상에 따라 달라지는 상대적인 의미입니다. 절대적이기보다는 상대적이니, 존재보다는 관계입니다. 존재론적 접근방식이 팽배해 있고 알기도 쉽지만, 그보다는 관계론적 접근방식을 채택해야 합니다. 근자의 인공지능의 접근방식에도 관계론이 우세하다고 하지 않았던가요.

완벽한 당신은 없고 훌륭한 그대도 없고, 완벽한 기업은 없고 훌륭한 고객도 없습니다. 오직 완벽하고 훌륭한 순간만 있을 뿐입니다. 특정 시점에 특정 누구와 나눈 완벽하고 훌륭한 순간만 있습니다. 관건은 이제, 이 순간을 늘려보고 이어보는 것이지요. 관계론을 동원해서, 필요하다면 예술가의 예술론을 동원해서라도 '순간을 (가급적) 영원으로' 만들어 보자는 것입니다.

여기에서도 베타의 각성문구가 있습니다. 읽어보면 알겠지만, 찬물을 끼얹고 있습니다. 어렵게 여기까지 왔는데, 또다시 난감하게 하는군요. 하지만 곧 알게 됩니다. 차디찬 냉수 한 잔이 정신 차리게 해줍니다. 정신을 차리면 좀 더 현실에 가까운 처방을 얻을 수 있죠.

순진한 자는
순간의 진실을
영원이라 믿는다.

어떻습니까? 너무 냉정하다고만 하지 말고 그간의 순간들을 되돌아보세요. 눈물을 글썽이며 사랑을 다짐했던 그대를, 주먹을 꽉 쥐며 각오를 다졌던 상대를 기억해보세요. 최선을 다할 테니 가입해달라는 기업과, 최고로 모실 테니 이용해달라는 기업의 서비스를 기억해보세요. 그들이 전부 거짓말쟁이고 사기꾼일까요? 우리가 사는 세상의 대다수는 그토록 나쁘지 않습니다. 적어도 그 순간에는 진실이었을 것입니다. 완벽하고 훌륭한 존재는 아닐지라도, 한 번쯤은 완벽하고 훌륭한 순간을 창조할 수 있을 것입니다. '카사블랑카'의 험프리 보가트도 이제는 귀찮아진 그녀에게 한 번쯤은 눈물을 글썽이고 주먹을 꽉 쥐었던, 충실했던 순간이 있었을 겁니다. 비록 짧은 순간이었겠지만 순간의 진실도 진실이니까요.

문제는 순간의 진실이 영원하지 않다는 것이겠죠. 순진하건 순진하지 않건, 진실의 순간을 기쁘게, 기꺼이 받아들인다면 누구나 그 진실이, 그 순간이 영원으로 이어지기를 바라는 마음을 가질 것입니다. 당신이 순진하다는 것은, 아마도 순간의 진실이 순간으로 끝난다는 사실을 알아채는 데 시간이 꽤 걸렸다는 뜻이겠지요. 어쩌면 남이 알려줘야 비로소, 그것도 호된 상처와 흑역사(?)를 남긴 후에 깨달을 수도 있고요. 참, 이 문구의 출처는 임춘성입니다. 실망하지 않았으면 합니다. 혹시 괜찮은 문구라 생각했었다면 그 순간의 진실을 믿어야 합니다.

베타 전략의 가정은 당신과 그대 사이, 당신의 기업과 고객 사이의 관계는 '순간의 진실'이라는 것입니다. 냉정한 말이지만, 혈연으로 초월한 관계가 아니라면 현실은 그렇습니다. 당신에게 내민 손, 열린 마음, 보여준 호의가, 모두 순간의 진실입니다. 진실이지만 순간입니다. 그렇다면 가야 할 길은 빤합니다. 인간관계나 비즈니스 관계에서 기뻤던, 기꺼웠던 진실의 순간을 가급적 오래오래 지탱하는 길로 가야만 합니다. 그 길로 접어들어야 관계의 여정이 순탄해질 수 있습니다. 순간을 유지하는 법, 관계를 지탱하는 방법을 도모해야 합니다.

조금 더 들어가 보겠습니다. 앞에서 기업 입장의 가치와 고객 입장의 가치, 그리고 그 변천 과정을 알아봤습니다. 이번에는 기업과 고객의 관계가 형성되는 측면의 가치를 알아보겠습니다. 이 가치를 숙고하다 보면, 훌륭하고 완벽한 관계를 지탱하는 길이 열리지 않을까요? 물론 당신과 그대의 관계에도 적용이 가능하니, '순간의 진실'을 놓치지 마세요.

《베타의 요약 — 기업-고객 관계 가치 변천사》

관계라면 뭐니 뭐니 해도 인간관계입니다. 비즈니스 관계에는 종종 조직과 시스템을 내세우지만, 따져보면 인간관계입니다. 그렇다면 관계의 가치를 생각해보는 것도 인간관계에서 출발하면 되겠지요. 인간 사이에서 관계의 가치란 무엇일까요? 관계가 추구하는 가치라고 할 수도 있고, 관계를 성립시키는 가치라고도 볼 수 있습니다. 관계를 성립하게 해주고 유지시켜주는 관계의 가치는 무엇일까요? 우리네 인간사회를 생각하면 답이 바로 나옵니다. 한 마디로 '신뢰'입니다. 상대를 믿고 신뢰해야 관계가 성립되고, 관계가 성립되어야 신뢰가 쌓입니다. 마치 먹어야 살고, 살아야 먹는 것처럼요. 결국 관계는 신뢰입니다. 신뢰 없는 관계는 관계도 아니며, 관계없는 신뢰는 어불성설이니까요.

인간관계의 신뢰는 상대에 대한 신뢰이니, 당연히 자주 보는 사람에게 싹틉니다. 자주 보다 보면 그 사람을 알게 되고, 아는 선에서 합당한 기대치가 신뢰로 형성되는 이치입니다. 계속 본 가족, 오래 본 친척이나 동네 사람, 자주 본 친구에게 끈끈한 신뢰가 자리 잡지요. 혈연, 지연, 학연, 또는 이런저런 인연으로 태동한 신뢰입니다. 이러한 신뢰를

'개인 신뢰'라 부르겠습니다. 우리가 신뢰하는 대상이 개인이면서, 우리에게 신뢰를 주는 대상도 개인이라는 의미에서입니다.

지연과 학연에는 '개인 신뢰'의 범주를 넘어가는 영역이 있습니다. 같은 지역에 살았다고 같은 학교에 다녔다고 서로 꼭 아는 건 아니죠. 하지만 초면이라도 동향 사람이나 동창생을 만나면 친근감이 샘솟고 급격히 가까워져 호형호제하며 말을 놓기도 합니다. 아무런 개인적인 신뢰가 없어도요. 그것은 또 다른 이가 끼어든 것입니다. 제3자죠. 제3자는 함께 아는 동네 사람일 수 있고, 선후배나 친구일 수도 있지만 그 지역, 그 학교라는 '상징'일 수도 있습니다. 그러한 상징으로 연상되는 기억과 추억, 인식과 사고가 제3자를 뒷받침합니다. 이렇게 제3자에 의한 신뢰를 '제3자 신뢰'라고 하겠습니다.

오늘날 세상의 대세는 '제3자 신뢰'입니다. 관계의 폭이 넓어지면서 더 이상 피(혈연), 동네(지연)와 학교(학연)만으로 신뢰를 구가하기가 어려워진 것이죠. 흔히 말하는 공공기관, 공공이 만들어내는 법과 제도에 의지하게 됩니다. '법적인', '공인된' 수식어가 붙으면 믿습니다. 개인인 상대는 못 믿어도 너와 나 사이에 믿음직한 제3자가 끼어들면 신뢰하게 됩니다. 이때 신뢰의 대상은 상대가 아니라 제3자죠. 그래서 '제3자 신뢰'입니다.

비단 공공만이 아닙니다. 대표적인 제3자 신뢰가 꽃피운 곳은 '금융'이죠. 제3자인 금융기관 없이 안심할 수 있는 금융 거래나 비즈니스 거래를 하는 것은 불가능합니다. 적어도 현재까지는 말입니다. 금융에도 공공의 성격이 있으니까요. 그렇다면 민간 대기업을 생각해봅시다. 우리는 대기업의 이름과 브랜드를 믿고 대기업에 소속된 회사를 믿으며 소속 회사의 제품과 서비스를 믿습니다. 모두가 믿는 '제3자 신뢰'라는 보호막 안에서 우리는 상대와 믿고 거래합니다.

신뢰는 또 흘러가고 있습니다. 개인을 거쳐 제3자로 거취를 정했던 신뢰는 이제 갈 곳을 잃고 방황하고 있습니다. 방황하며 이리저리로 흩뿌려지고 있습니다. 다수에게로 말입니다. 신뢰의 대명사인 공공이 신뢰를 잃어가고 있습니다. 공공을, 그리고 공공을 치켜세워준 법과 제도를 권력의 도구로 판정하는 인식이 확산되고 있습니다. 금융기관과 대기업의 폭리를 미워합니다. 그것이 사실이든 아니든 미움이 저변에 깔립니다. 비트코인의 창시자는 개발동기를 이렇게 밝혔습니다. "금융의 역사는 신뢰를 저버린 것으로 점철되어 있다." 이처럼 공공, 금융, 대기업을 믿지 않는 실정입니다. 공공을 믿지 않아 촛불 들고 거리에 나가고, 금융을 믿지 않아 가상화폐를 만들고, 대기업을 믿지 않아 공동구매하고 동반성장을 외칩니다. '믿을 맨'이었던 '미들 middle 맨'인 제3자는 강력했던 힘을 잃고 있습니다.

이제 '다수 신뢰'입니다. 특정 개인, 특정 제3자가 믿음직스럽지 않으니 불특정 다수를 쳐다보는 거죠. 다수가 공유하고 다수가 공감하면 믿습니다. 특히 어떠한 이유로 본인이 그 다수에 포함되어 있다고 생각하면 믿게 됩니다. 앞의 '먹고사는 문제'처럼 주거니 받거니, 다수에 대한 다수에 의한 신뢰가 증폭되지요. 다수가 나누니 믿고, 다수가 감시하니 믿고, 다수가 믿으니 믿는 꼴이죠.

'다수 신뢰'로 나아가는 형국은 당연히 인터넷과 IT기술이 주도하고 있습니다. 다수의 형성과 다수와의 연결이 쉬워지게 했으니까요. 새로운 기술은 더욱 박차를 가하고 있습니다. 대표적인 것이 '블록체인'입니다. 기술적인 설명은 차치하고, 저는 블록체인을 '제3자가 필요 없는 거래기술'이라 명명합니다. 금융기관이나 공공기관 없이 다수가 거래내역을 공유하며 거래하는, 일종의 '신뢰기술'이지요. 암튼 관계의 가치, 신뢰의 무게중심은, 개인에서 제3자로, 제3자에서 다수에게로 이동하고 있습니다.

관계 가치의 변천

개인 신뢰 → 제3자 신뢰 → 다수 신뢰 → ?

책임 소재 뚜렷 / 책임 소재 뚜렷 혹은 모호 / 책임 소재 모호

　그런데 여기서 짚고 넘어가야 할 중요한 이슈가 있습니다. '다수 신뢰'에서 다수는 고정된 다수가 아니라는 겁니다. 다수의 구성은 수시로 바뀝니다. 수시로 바뀌는 일시적인 대상에게 신뢰라니요. 그러나 초연결사회입니다. 연결이 쉬울수록 연결은 아쉽지 않습니다. 연결이 범람할수록 특별한 연결의 비중은 낮아집니다. 앞에서 얘기했었죠? 초연결사회의 다른 말이 개인주의 사회라고요. 개인이 도드라지면 주변은 가라앉습니다. 주변은 바뀌기 십상이죠. 이혼율도 높아지고 부모자식 사이도 예전 같지 않습니다. SNS 친구는 맺었다 끊기를 반복하고, 평생직장도, 평생직업도 사라졌습니다. 어차피 누군가에게 신뢰를 주고 살아가야 하니, 다수, 그것도 일시적인 구성의 다수에게까지 손을 뻗친 거죠.

　이 대목에서 '책임'이라는 단어를 언급하지 않을 수 없

습니다. 관계에서 '책임'은 '신뢰'에 버금가는 가치입니다. 책임과 신뢰는 서로에게 영원한 동반자이기도 하고요. 누군가에게 신뢰를 준다는 말은 책임을 묻겠다는 얘기입니다. '믿고 맡긴다'는 '책임지라'는 뜻이죠. 그런데 그 책임 소재가 희미해지고 있습니다. '개인 신뢰'에서는 책임의 소재가 특정 누구입니다. '제3자 신뢰'에서는 공신력을 확보한 제3자가 책임을 져야 합니다. 그런 식으로 권력을 확보한 제3자가 책임지지 않으려는 행태를 보여서 문제이지만요. 어쨌든 책임 소재 핀포인팅pin-pointing은 가능하잖아요.

그러나 '다수 신뢰'에서는 보이지 않습니다. 다수라서 분산되어 있기도 하지만, 일시적이기도 하니 도대체 누구에게 물어야 합니까? 책임을요. 게다가 인공지능과 로봇의 시대입니다. 그들과 협업하는 시대죠. 로봇과 같이 일하다가 잘못되면 누구 책임이죠? 자율주행차, 준자율주행차를 운전하다 사고가 나면 대체 누구의 책임이죠? 그렇습니다. 관계의 핵심가치인 '신뢰'가 변천을 겪으며 또 다른 관계의 주역인 '책임'도 파란만장한 여정을 걷게 되었습니다. 조심스레 단언컨대, 여정의 종착지는 소멸입니다. 책임이 없어지는 것이 아니라 책임을 물을 곳이 소멸하고 있다는 것이죠.

어찌해야 할까요? 관계론, 관계적 접근방식을 들먹이며 관계에 집중하고자 했습니다. 관계로 순간의 아쉬움을 달래고 순간의 완벽함과 훌륭함을 이어가자 했는데, 관계를 지지하고 지탱하는 가치가 무색해진다고 합니다. 신뢰는 여기저기에 나뉘고, 그 여기저기는 시시각각으로 바뀝니다. 책임소재는 모호해집니다. 초연결사회에서, 4차 산업혁명시대에서 우리는 어떻게 순간을 이어가고 관계를 유지할 수 있을까요?

정말 쉽지 않습니다. 그렇지만 해봐야죠. '순간의 진실'을 깨우쳐준 '카사블랑카'에는 영화만큼이나 유명한 영화 주제곡이 자주 흘러나옵니다. '세월이 흘러도As time goes by'입니다. 시간이 흐르고 세월이 흘러도 이어지고 유지되는 게 있다는 거죠. 다시금 마음을 다잡아야죠. 마음 다잡은 현실적인 베타는 이렇게 시작합니다. '순간 되지 않게 함'입니다. '기다리지 않게 함', '충족되지 않게 함'에 이어서 세 번째로, 베타 전략은 '순간 되지 않게 함'으로부터 맘 잡고 다시 시작하겠습니다.

서로에게, 지속

순간과 영원, 존재와 관계를 넘나들며 조금은 골치 아프고 빡빡한 논지를 풀어왔습니다. 마음의 긴장도 풀 겸 시 한 편 감상하겠습니다.

그 푸르렀던 어느 날

어린 자두나무 아래서 말없이

그녀를, 그 조용하고 창백한 사랑을 품에 안았었다.

우리의 머리 위로 아름다운 하늘에는

구름은 아주 하얗고 위에서 내려왔었다.

그날 이후 수많은 달들, 숱한 세월이

소리 없이 흘러 지나가 버렸다.

그 자두나무들은 아마 베어져 없어졌을 것이다.

사랑은 어떻게 되었느냐고 너는 나에게 묻는가?

생각나지 않는다고 나는 너에게 말하겠다.

그녀의 얼굴은 정말로 끝끝내 모르겠다.

그 구름을 나는 아직도 알고 앞으로도 항상 알고 있을 것이다.

어쩌면 자두나무들은 아직도 변함없이 꽃피고

어쩌면 그 여자는 이제 일곱 번째 아이를 가지고 있을 것이다.

그러나 그 구름은 잠깐 동안 피어올랐고

내가 올려다보았을 때, 이미 바람에 실려 사라졌었다.

베르톨트 브레히트Bertolt Brecht의 '마리아의 추억' 중 일부를 발췌했습니다. 어떤가요? 한 폭의 그림처럼, 한 컷의 사진처럼 다가오지 않나요? 푸르른 하늘에, 그 하늘에 구름이, 그 구름 아래 자두나무가, 그 자두나무 곁에 남녀가, 그 남녀의 포옹이, 사랑이…. 그러나 끝끝내 그녀의 얼굴이 기억나지 않는다고 합니다. 순간의 떨림과 충만함은 영원한 추억으로 남았지만, 사랑이 어떻게 되었는지는 생각나지 않는다고 합니다. 구름과 자두나무는 지금도 피어 있고 그녀도 존재하지만, 그때 그 순간은 잠깐이었나 봅니다. 잠깐 올려다본 사이에 이미 바람에 실려 사라졌으니까요. 아, 참고로 마리아는 브레히트의 실제 애인이었다고 합니다. 브레이트만은 아니겠죠. 누구에게나 있었을 법한 하늘과 구름, 자두나무입니다.

개인의 인생이나 조직의 역사는 시간의 흐름이니 1초, 2초, 하루, 이틀…, 이렇게 흘러갑니다. 하지만 되돌아보면 인생과 역사가 늘 연속적이지는 않은 것 같습니다. 아주 특별했던 기억과 추억으로 각인된 몇몇 순간이 남습니다. 그러한 순간들로 알록달록 수놓아져 있는 게 인생이고 역사지요. 만일 어떤 순간이, 하얀 구름이 하늘 위에서 내려올 정도로 특별하고 각별했다면, 그 순간을 영원히 이어가고 싶겠지요. 당신과 그대, 당신의 기업과 고객의 각별한 순간을 계속 이어가고 싶겠지요.

사람도, 기업도 누구나 자기만의 상황이 있습니다. 소중한 상대와의 소중한 순간도 제각각입니다. 그러니 몇 가지 원칙과 사례로 일반화할 수 없습니다. 그래서 어쭙잖게 철학과 예술을 들먹이고, 영화와 시까지 써먹었습니다. 한 꺼풀 아래에 숨겨진 본연적인 성질을 들춰보려고 했습니다. 존재론과 관계론의 접근방식, 신뢰와 책임의 변천 과정 같은 것들 말이죠. 여기까지 잘 따라와준 독자라면 스스로 고찰해보고 각자의 상황에 적용해볼 수 있으리라 믿습니다. 순진한 마음으로 순간의 진실을 영원으로 만들어보기를 믿겠습니다.

다시 정신 차리고 현실로 돌아올까요. 상당히 현실적인 그래프, 그림을 살펴보겠습니다. 기업과 고객과의 관계입니다. 비즈니스 관계이니 냉정한 현실이 전제됩니다. 다음의 그림을 보면, 기업은 처음에 높은 기대수준을 갖고 있습니다. 고객에 대한 기대수준입니다. 고객을 바라보고, 고객이 바라는 제품과 서비스를 개발하고 출시합니다. 홍보하고 광고합니다. 그러다 경쟁사의 공격도 받고 고객의 요구도 모른 척할 수 없어 각종 할인 정책을 마련합니다. 기대수준을 낮추는 거죠.

반면에 고객은 원래부터 별로 관심이 없었습니다. 모르기도 하고 아직 필요가 없어서이기도 하죠. 그러다가 기업의 노력으로, 또는 그간의 사용으로 필요를 느끼며 기업(제품과 서비스)에 대한 기대수준이 높아져갑니다. 그러다 만납니다. 구매가 이루어지고, 비즈니스 관계가 비로소 성립되는 순간이지요. 그 접점이 바로 서로의 기대수준이 만나는 합의의 순간입니다. 관계의 합의가 이루어지는 '순간의 진실'에 도달한 것이지요.

기업-고객 관계의 순간의 진실, 그리고 영원으로

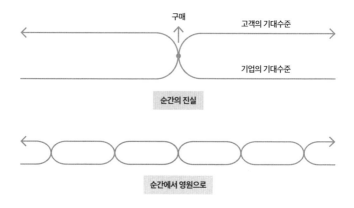

세상의 이치가 그렇듯 만개한 꽃은 시들고, 잘 익은 열매는 떨어집니다. 잠깐 동안 피어오른 구름도 바람과 함께 사라지죠. 정작 관심 없었던 고객의 기대수준은 점점 상승합니다. 지갑을 연 후에야 제품과 서비스를 사용할 수 있으니, 구매 후 사용하면서 기대는 계속 상승하고, 높아진 그 수준으로 유지되는 것이 일반적입니다. 그러나 기업은 판이한 입장입니다. 이미 지불한 고객에게는 그다지 관심이 없습니다. 그 고객에 대한 기대수준은 떨어져만 갑니다. 더 바랄 게 없으니까요. 아니라고요? 재구매하게 해야 하고, 다른 이들에게 입소문 내게 해야 하니 계속 잘해야 한다고요? 한 번 고객은 영원한 고객이고, 고객은 왕이니 계속 모셔야 한다고요? 생각해보세요. 진짜 그러한지. 구매 확정 전후가 얼마나 다른지, 얼마나 달라지는지. '카사블랑카' 속 험프리 보가트의 '순간의 진실'론에 의하면, 구매의 접점에서 보여준 진실은 이미 오래전 일이자, 또 먼 계획이거든요. 결국 다시 멀어져갑니다. 진실의 순간은 잠깐일 뿐, 금세 멀어집니다. 멀어진 사이는 마치 평행선처럼 계속됩니다.

원체 기업과 고객은 한 몸이 될 수 없습니다. 줄 것과 받을 것이 다르니 만나기 어렵습니다. 서로 얻어내려고만 하니 당연히 가까이하기 어려운 당신이죠. 어찌어찌해서 만났고, 어렵게 '순간의 진실'을 경험했다면, 그 후에는 어떻게 해야 할까요? 이제 아래의 그림을 보세요. 어차피 한 몸이 아닙니다. 구조적으로 태생이 다르고 평행을 달리는 각각의 선일 뿐입니다. 기업과 고객이 합의점에 다다르고, 순간의 진실에 도달합니다. 이러한 만남이, 순간이, 순간의 진실이 연달아 이어지는 방식은 왼쪽의 그림과 같은 식이겠죠. 순간이 반복되어 영원으로 가게 하는 유일한 방법이겠죠. 그렇다면 어떻게 그림과 같이 이어지고 또 이어지게 할 수 있을까요? 그래서 순간에서 영원으로 가게 할 수 있을까요? 그것이 남은 관건입니다.

정리해보았던 관계의 가치 관점으로도 그래프를 볼 수 있습니다. 관계를 형성하고 유지시키는 가치는 '신뢰'였습니다. 신뢰는 기업과 고객의 기대수준이 얼추 비슷해야 생성됩니다. 그래프 상으로는 가까워질수록 신뢰가 높아집니다. 접점에서 정점을 찍겠지요. 따로따로 노는 기대수준으로는 신뢰를 구가할 수 없습니다. '책임'도 따져볼까요? 고객은 명확히 한 시점에서 책임을 집니다. 가격을 지불하는 접점의 순간이 바로 그 시점이죠. 기업은 꽤 폭이 넓습니다. 접점에 이르기 전에는 과대광고 하지 말아야 하고, 접점에서 만났을 때는 투명하게 거래해야 하고, 접점에서 멀어진 후에는 애프터서비스 해야 합니다. 간혹 사회적 책임도 짊어져야 하고요. 그러나 기업 역시 책임의 정점은 접점의 순간에 최고조에 이를 것입니다.

관계의 핵심가치인 신뢰나 책임으로 보아도 같은 결론이 나옵니다. 관계를 지탱하려면 두 그래프가 가급적 자주 만나야 합니다. 떨어진 관계와 신뢰를 회복하고, 책임의 눈높이도 맞추려면 가급적 자주자주 접점을 만들어내야 합니다. 그것이 관건이죠.

관건이 뚜렷해졌으니, 베타가 추구하는 가치도 또렷해집니다. '지속'이겠죠. '순간 되지 않게 함'은 당연히 '지속'입니

순간 되지 않게 함, 지속

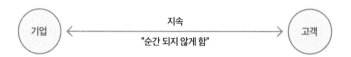

다. 어려웠던 만남을, 어려운 접점을, 어렵게 이루어진 '순간의 진실'을, 어렵지만 이어가고 싶은 완벽하고 훌륭한 순간을, 순간으로 끝내지 않으려면 지속하는 방법을 찾아야겠지요. 관계의 가치와 순간의 진실을 지속해야 합니다. 나와 너, 당신과 그대, 당신의 기업과 고객, 서로에게, '지속'입니다.

순간되지 않게 지속을 추구한다는 것이 어쩌면 뻔한 얘기처럼 들리겠지만 실제로는 빤한 얘기가 아니라는 것쯤은 알 것입니다. 좀 더 구체적으로 나아가기 위해, 고전을 찾습니다. '고전에 길을 물으라'고 하지 않던가요. 당연히 동양 고전입니다. 관계의 문제는 관계론이 충만한 동양고전에서 답을 찾을 수 있으니까요. 제가 이전의 저서에서 꽤 강조했던 내용을 다시 꺼내려 합니다. 어차피 제 사고의 흐름에는 한계가 있으니 사고의 일관성으로 봐주면 더 좋겠습니다.

관계 중심적인 동양사상의 정수는 《주역周易》이라 할 수 있습니다. 자연과 인간의 조화 원리를 탐구하고 이로써 미래를 예측하는 책입니다. 설명이 좀 거창했지만 쉽게 말하면 점치는 책입니다. 그런데 이 점치는 책을 공자는 보물로 여겼습니다. '위편삼절韋編三絕', 즉 책을 맨 가죽 끈이 3번이나 끊어질 만큼 끼고 살았다고 하죠. 뿐만 아니라 사마천이 쓴 《사기史記》에 의하면 '나에게 수년의 시간을 더해 역을 배울 수 있었다면 인생에 큰 허물이 없었을 것이다'라고까지 공자는 말했다고 합니다. 그만큼 대단한 고전이어서 《주역》은 《역경易經》이라고도 명명되어 '사서삼경四書三經'의 반열에 올랐나 봅니다.

　《주역》에서는 '효'를 구성단위로 하고 이 효가 조합된 괘로서 길흉화복을 점칩니다. 양효(─)는 하늘天을 나타내고, 음효(--)는 땅地을 나타냅니다. 예를 들어, '천지비天地否'(☶)라는 괘는, 하늘을 의미하는 양효 3개가 위에 있고 땅을 뜻하는 음효 3개가 아래에 있습니다. 왠지 순리에 맞고 자연스러워 보이지만, 사실 비否괘, 안 좋은 괘입니다. 오히려, '지천태地天泰'(☷)라는 괘가 주역 64괘 중 가장 좋은 괘입니다. 땅이 위에 있고 하늘이 아래에 있으니 우리가 아는 자연의 모습과는 정반대죠. 그러나 이러한 모습이 서로 소통하는 태泰괘를 만들어냅니다. 하늘의 기운이 위로 솟고 땅의 기운은 아래로 향하니, 서로 만나고 다가서는 형상이라는 것이죠. 앞의 '천지비'는 각자 자기 자리를 지킬 뿐 소통하지 않는 막힌 형국이라는 해석입니다.

어떤가요? 늘 자기 자리에 있는 하늘과 땅은 존재일 뿐입니다. 당신과 그대가, 기업과 고객이 자기 자리만 지키면 만나지도, 관계하지도 못합니다. 앞에서 본 그래프처럼 계속 평행을 달리겠지요. 그러나 하늘 아래 땅 위에, 내려오는 구름도 있고 올려보는 연인도 있습니다. 자작나무도 있고요. 운수대통 지천태 괘를 보면, 존재를 관계하게 하고, 순간을 이어가게 하는 역동성과 긴장감이 조금은 느껴질 것입니다.

사서삼경에는 《중용中庸》도 있습니다. 동양 철학의 핵심으로 둘째가라면 서러워할 책이죠. 심지어 서양사학자 토인비도 '동양의 지혜'라며 극찬했습니다. 그런데 이 지혜를 오용하는 경우가 있습니다. 아리스토텔레스가 얘기하는 '중용golden mean'과 헷갈리는 것인데요. 이 서양의 중용은 중간의 위치를 의미합니다. 이를테면 비겁이나 만용 같은 극단적인 두 악덕 사이에 존재하는 '용기'와 같은 미덕을 지칭할 때 사용합니다. 이러한 연유로, '중용'을 물리적이나 산술적 또는 논리상 대략 중간쯤으로 간주하거나, 문제에 대한 적당한 절충과 타협으로 오해하는 경우도 있습니다.

평균대 위에서 체조선수가 균형을 잡습니다. 아름다운 신체의 균형이 한 장의 그림, 한 컷의 사진처럼 완벽하고 훌륭한 순간입니다. 그러나 그 순간을 자세하게 볼 수 있다면, 미세하게 어느 한쪽으로 기울다가 다시 반대쪽으로 기우는 과정이 끊임없이 반복된다는 걸 알 수 있습니다. 마치 떨어지고 만나기를 반복하며 이어가는 앞의 그림처럼요. 순간을 이어가고 지속하려는 부단한 대응과 노력입니다. 백조가 물 위에 우아하게 떠 있는 것이나 자전거가 서서 달리는 것 역시 끊임없는 대응과 노력의 결과죠.

《중용》은 중립이 아닙니다. 이것도 저것도, 이쪽도 저쪽도 아닌 중간의 위치에 고정되어 있는 것이 아닙니다. 이것에서 저것으로, 저것에서도 이것으로, 이쪽에서 저쪽으로, 저쪽에서도 이쪽으로, 계속해서 지속적으로 다가서는 애씀이 바로 《중용》입니다. 어떠세요? 왜 《주역》에 이어 《중용》이 나왔는지 알겠죠? 다가가는 형국을 추구하라는 《주역》과, 다가가는 노력을 추진하라는 《중용》이 다시금 우리를 채근합니다. 역동적이고 지속적으로 순간을, 순간의 진실을 이어가라고요. 그것이 베타의 사명이라고요. 사명을 완수하기 위해 분주한 베타의 모습을 그려봅니다.

결론은 이렇습니다. 소중한 상대와, 고객과의 관계를 이어가는 방법을 찾아야 합니다. 그들과의 소중한 순간을 연이어

지속의 베타

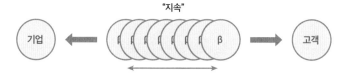

가는 방법을 만들어내야 합니다. 한 번 주고 한 번 받고, 한 번 팔고 한 번 사고, 그렇게 끝내지 말고 끊임없이 끊김 없이 역동적으로 기꺼운 순간을 지속하는 방안을 강구해내야만 합니다. 앞 장의 '기다리지 않게 함'이나 '충족되지 않게 함'도 '순간 되지 않게 함'의 일환으로 볼 수 있습니다. 나는 너에게 '쾌속'도, 너는 나에게 '중독'도, 모두 서로에게 '지속'하는 방편이니까요. 그렇지만 이번에도 몇 가지를 제안하겠습니다. '순간 되지 않게' '지속'하는 방법이죠. 연속적 참여, 분산적 고양, 그리고 제3자 베타, 이렇게 3가지입니다. 이들을 고려하고 고민하길 바랍니다.

페어링하라 — 연속적 참여 베타

설명이 필요한가요? 직관적으로 감이 오지 않습니까? '페어 pair'가 아니라 '페어링pairing'입니다. 짝이 아니라 짝꿍이라는 말이죠. 그런데 짝꿍하면 왠지 단짝이 생각나고, 단짝이면 특정인이 생각납니다. 단짝인 짝꿍 누구, 이렇게요. 페어링은 다릅니다. 스마트폰을 생각해보세요. 집에서는 집에 있는 와이파이와 연결되고, 사무실에서는 회사 와이파이와 자동으로 연결됩니다. 블루투스 기기도 그렇죠. 이것과 페어링하다가 저것과 페어링합니다. 그때그때 짝이 바뀝니다. 페어링한 후에는 끊임없이 신호를 주거니 받거니 하며 '지천태'로 중용합니다. 또 다른 짝과 새로운 페어링을 하면 다시 끊김 없이 지속됩니다.

당신은 그대와, 당신의 기업은 고객과 이렇게 페어링해야합니다. 다른 기기, 다른 핫스팟과 끊임없이, 끊김 없이 페어링하듯, 연속적으로 바람직한 관계와 순간을 이어가야 합니다. 그대와 이런저런 방식으로 연결하고 소통하고, 그대의 주변 여기저기에 당신을 떠올리는 물건이나 상징이 산재해야합니다. 그래야 수시로 페어링이 되죠. 고객이 당신 기업의 제품을 사용할 때마다, 서비스를 이용할 때마다 계속 페어링되게 해야 합니다. 기업의 브랜드든, 제품의 추가 기능이든, 서비스의 후속 버전이든, 제품과 서비스의 또 다른 세부 옵션이든, 계속해서 말입니다. 오프라인이든, 온라인이든, 온오프믹스든 계속 고객과 페어링해야 합니다.

196쪽의 그림 '기업-고객 관계의 순간의 진실'은 다분히 표상적입니다. 알기 쉬운 단순 패턴이죠. 기업이 준비한 상품을 고객이 한 방에 구매하는 전통적인 패턴입니다. 그러나 생각할 수 있듯이, 훨씬 다양하고 훨씬 미세한 방식으로 기업과 고객은 주고받습니다. 각자의 사업과 각각의 업무를 생각해보세요. 그래서 순간순간, 실시간으로 주고받는 근거리 통신방식, 페어링을 표방한 것입니다.

'페어링'은 정말로 중요한 개념입니다. 베타 전략의 핵심이자 '순간의 진실'에 대한 핵심 중의 상당 부분이 이 한 단어로 표현됩니다. 기다리지 않게 하고, 충족되지 않게 하고, 그리고 순간 되지도 않게 합니다. 페어링하면 그렇게 됩니다. 존재인 '페어'가 아니고 관계인 '페어링'을 해야 합니다. 그것도 꾸준히 여러 방식으로 말입니다. 오죽했으면 이 책의 제목인 '베타 전략'을 '페어링 전략'으로 할까도 고민했을 정도입니다.

기업은 당연히 어떠한 식으로든 고객과의 끈을 놓지 않으려 합니다. 끈으로 붙들어 매어 페어링합니다. 시각적이건 청각적이건, 의식적이건 무의식적이건 고객의 눈과 귀를, 머리와 마음을 사로잡으려 합니다. 고객이 연속적으로, 실시간으로 기업의 제품과 서비스를 기억하고 추억하며 떠올리고 떠받들기를 바랍니다. 연속적인 참여를 갈구하는 것이죠. 그래야 잊지 않고 떠나지 않을 테니까요. 고객의 연속적 참여를 유도하는 베타의 사례를 들어보겠습니다.

출퇴근길에 한두 번 본 게 아닙니다. '결혼, 답을 듀오', '결혼해 듀오', '결혼 인연, 만나게 해 듀오', '결혼의 인연, 꽉 잡아 듀오', 그리고 낯간지러운 '자기야, 결혼해 듀오'까지…. 결혼했으니 망정이지, 버스를 도배한 광고 덕분에 하마터면 듀오에 찾아갈 뻔했습니다.

CM송도 그렇습니다. 의도치 않게 하루 종일 웅얼거렸던 적 없나요? '1577-1577 앞뒤가 똑같은 대리운전', '공무원 시험 합격은 에듀윌', '산와, 산와, 산와머니', '머리부터 발끝까지 오로나민C' 등등. 특유의 중독성 있는 멜로디와 가사, 그리고 반복적인 노출로 우리의 귓전을 어지럽히지만 어느새 입으로 옮겨집니다. 입으로 되뇌며 머리와 마음에 각인되지요. 각인 정도로 끝나지 않기도 합니다. 오로나민C의 제조사인 동아오츠카는 2017년 브랜드 팬클럽인 '오로나민C볼단'을 만들었는데, 120명 모집에 1,500여 명이나 몰렸다고 하네요.

　온라인에서도 매한가지입니다. 신세계는 신세계몰, 신세계 백화점, 이마트몰, 트레이더스의 온라인을 SSG닷컴으로 통합합니다. 롯데는 롯데백화점, 롯데닷컴, 롯데마트, 롯데슈퍼, 롯데하이마트, 세븐일레븐에서 '스마트픽'을 통해 옴니채널을 구축합니다. 옴니채널은 고객이 온라인, 오프라인, 모바일 등 접근 가능한 모든 경로를 넘나들며 상품을 검색하고 구매하는 방식의 서비스이죠. 온라인끼리, 또는 온라인과 오프라인을 통합하여, 여기에서도 저기에서도 이곳에서도 저곳에서도 끊어지지 않게 하며 고객과의 끈을 부여잡고 있는 것입니다. 겉으로는 고객의 편의를 외치지만 속내는 고객을 붙들어 매기 위함입니다.

　O2O가 Online To Offline의 약자인지 Offline To Online의 약자인지 헷갈릴 때가 많습니다. 현실에서 이 둘의 구분이 모호해지기도 해서 그렇겠죠. 차라리 온오프믹스라 하는 것이 더 현실적인 듯합니다. 하여튼 대세이자 추세인 온오프믹스도 결국은 온라인에서도 오프라인에서도 고객의 '연속적 참여'를 위함입니다. '페어링'이라는 강렬한 어감을 유념하세요. 고객의 '연속적 참여'로 관계의 끈을 부여잡기 바랍니다.

고객과 의논하라 – 분산적 고양 베타

페어링을 진부하게 표현하자면 '상호작용interaction'이라 할 수 있습니다. 상호작용도 상당히 멋진 단어입니다만, 상호작용 또는 소통 정도로 지금까지 말한 베타의 몸부림을 갈음할 수는 없습니다. 멀어도 한참 멉니다. 그렇지만 이조차도 만만치 않아 보이네요. 한 방에 주고받기 식이 강한 산업시대 비즈니스에는 사실 상호작용이 없습니다. 온라인 비즈니스에도 원활한 상호작용을 발견하기가 쉽지 않습니다. 그냥 장터만 온라인으로 옮겨놓았지 방식은 그대로이며, 일부는 대면과 대화를 회피하기 위해 온라인에 주력하기도 합니다. 고객센터에 전화하지 말고 홈페이지 게시판이나 이메일로 문의하라고 하죠. 비대면, 비대화 방식으로 자기 편할 때에 응대하겠다는 속셈은 '상호작용하지 않겠다'는 저의에서 비롯됩니다.

고객과 상호작용하는 법을 배워야 합니다. 고객과의 상호작용을 고객의 귀찮은 문의나 불만 접수로 인식하지 말고, 고객과의 완벽하고 훌륭한 순간을 이어가는 첫 단추로 여기고 활용해야 합니다. 쉽지 않아 보인다면 게임에서 배우세요. 게임회사 입장에서 완벽하고 훌륭한 순간은 사용자가 게임을 설치할 때가 아닙니다. 끈끈하게 페어링하여 아이템과 레벨업을 위해 사용자가 '현질'을 할 때입니다. 그것도 한 방이 아니고 지속적으로요. 완벽하고 훌륭한 순간이 지속되는 것이지요.

이런 말 들어보았나요? 영업의 정의로 제가 들어본 말 중 최고는, '영업은 고객의 마음을 읽는 것'입니다. 페어링의 첫 단추는 상호작용이고, 상호작용의 첫 단추는 영업이고, 영업의 단초는 고객의 마음을 읽는 것이죠.

단초를 풀고 첫 단추를 끼웠다면 고객과 의논해야 합니다. 우리가 만든 제품, 우리가 제공하는 서비스, 마음에 들면 쓰고 아니면 말고? 자신 있습니까? 도대체 언제까지 고객이 마음에 들어 할까요? 언제까지 고객의 맘을 차지할 수 있을까요? 누구나 동감합니다. 부족한 상대는 참아도 건방진 상대는 못 참습니다. 고객과 페어링하고 관계를 이어가려면 의논해야 합니다. 의논은 '의견을 주고받는 것'이죠. 일과 업무에, 인간관계와 비즈니스관계에 의견을 주고받아야 합니다. 아니면, 적어도 의논하는 형식을 취해야 합니다. 의견을 받고 의논하는 것은, 상대의 마음을 읽겠다는 뜻이며 상대의 마음을 존중하겠다는 천명입니다. 최소한 그런 형식이라도 취해야 괘씸죄에 걸리지 않고 관계를 이어갈 수 있습니다.

의논한다는 건 쌍방이 말을 하고 의견을 낸다는 뜻이지만, 당연히 고객이 말하게 하고 고객이 의견을 내놓게 하는 것이 우선이겠죠. 기업은 들어주고요. 고객의 말을 들어보고 때론 인정하고, 반영하면 고객은 기뻐할 것입니다. 존중받는다는 느낌으로 고양될 것입니다. 여기서 중요한 것은, 꼭 인정하지 않더라도 혹은 반영하지 않더라도, 들어주는 모습을 보이고 의논하는 형식을 취하기만 해도 상당 부분은 목적이 달성된다는 것입니다. 고객의 불만이 어이없더라도, 고객의 제안이 터무니없더라도 열심히 들어야 합니다. 알고 있겠죠? 듣는 것과 실제로 들어주는 것은 충분히 다릅니다.

한 방으로 고객에게 각인시키는 집중적인 고양과는 반대로, 간헐적이지만 꾸준하게 고객의 기분을 좋게 만드는 방식입니다. 상대를 존중한다는 의사를 간헐적이나마 표출하는 것은 상대를 간헐적으로 기분 좋게 만드는 데 효과가 있습니다. 분산적 고양이지요. 그러나 그 효과는 쉽사리 흩뿌려지지 않습니다.

아, 물론 고객의 얘기를 듣다 보면, 들어주다 보면 고객만 고양되는 것이 아닌 일도 생깁니다. 대박의 기회도 생깁니다. 2016년 3월 서비스를 시작한 스푼라디오는 개인 라디오 방송을 할 수 있게 하는 서비스입니다. 누적 다운로드 570만

명, 월 방문자 규모는 120만 명을 넘어섰으며, 현재 하루에 약 2만 6,000개의 라디오 방송이 개설되고 있고요. 처음에는 음성 녹음을 올려 공유할 수 있는 형태였으니, 엄밀히 말해 상호명과 달리 라디오 형식은 아니었던 셈이죠. 그러다가 "○○라디오 지금 시작합니다."로 녹음을 시작하는 사람들이 늘어나며, 사용자 리뷰 란에 '라이브 방송을 할 수 있으면 좋겠다'는 글이 지속적으로 올라옵니다. 이것이 현재 스푼라디오의 핵심 기능인 '라이브' 서비스의 개설 동기이자 스푼라디오의 핵심 성공요인입니다.

스타벅스 사례도 있습니다. 스타벅스는 '마이 스타벅스 리뷰'라는 모바일 설문을 통해 고객 의견을 반영하고 있습니다. 과일 컨셉의 비커피 음료를 개발해달라는 요청에 응하여 카모마일애플티를 출시했으며, 시즌 음료로 출시한 제품도 고객요청 덕분에 정규 메뉴로 정착한 경우가 있었습니다. '마이 DT 패스'는 차량정보를 등록하면 매장 진입 시 차량을 자동으로 인식하여 결제가 되는 드라이브 스루drive-through 서비스인데, 고객의견을 반영하여 스타벅스 코리아에서 자체 개발한 서비스라고 합니다. 서비스 개시 후 9개월 만에 가입자 50만 명을 돌파하고 대기시간을 1분 정도 줄였다고 하는군요. 혹시 전 세계에서 스타벅스 매장이 제일 많은 도시가 어디인지 아세요? 서울입니다. 역시 스타벅스코리아, 스타벅스 한국 고객입니다.

'분산적 고양'의 '분산'은 중의적인 뜻이 있습니다. 고객의 간헐적인 고양이니 '분산'이고, 종종 기업과도 고양이 '분산'됩니다. 그리고 또 하나, 고객과 소통하고 고객과 의논하면 책임도 '분산'됩니다. 책임 있는 고객은 쉽사리 떠나지 않기도 하지만, 좀 더 나아가면 얄팍한 이슈에 도달합니다. '책임 전가'에 관한 것인데, 고객과 의논하는 형식이라도 취해야 하는 심오한 당위성을 마련해줍니다. 유쾌한 주제는 아니니 더 얘기하지 않겠습니다. 대신, 관계의 중요 가치 중 하나였던 '책임'과 '책임소재' 문제가 어떻게 우리에게 급격히 들이닥치고 있는지 설명한 내용을 되짚어보길 바랍니다.

제3자를 끌어들여라 – 제3자 베타

BTS는 7명입니다. 꽤 많죠. 하긴 우주소녀처럼 13명 아이돌그룹도 있지만, 원조 아이돌그룹인 무슨 브라더스, 무슨 시스터즈는 3명이 대세였습니다. 학창시절에도 독수리 오형제나 칠공주처럼 좀 과한 숫자도 있었지만, 비교적 현실적인 것은 삼총사였습니다. 삼총사의 일원이 되어보지 않은 사람은 드물 것입니다. 아무리 찰떡궁합 짝꿍 사이라도 늘 마주보는 두 사람은 좀 허전하고 종종 대립하기도 합니다. 이에 반해 3명이 모이면 때로는 1명이 나머지 둘을 연결하고 중재하며 안정적인 구도를 잡아갑니다. 그리고 삼각구도는 팽팽함이 내재합니다. 삼각구도를 구성하는 서로가 서로를 잡아당기는 힘과 시간의 차이가 발생할 때 묘한 갈등이 생성되니까요. 안정적이니 지속적이고, 팽팽하니 역동적입니다. 페어링과도 일맥이 통하는군요. 그러나 제3자를 끌어들여야 하는 이유는 단순한 구도 측면을 넘어서는 강력한 무엇이 있습니다.

결혼식에는 주례가 있고 하객이 있습니다. 혼인신고도 하죠. 공인된 가족관계증명서와 등본에 배우자가 기록되고 많은 사람들 앞에서 맹세도 합니다. 결혼하면 주변이 모두 알게 되고 최고로 강력한 '제3자'인 아이도 생깁니다. 이 모든 것들이 다 구비되면 '검은 머리 파 뿌리'의 길로 들어섭니다. 두 사람만의, 두 사람의 애정만의 문제가 아니지요.

관계를 유지하고 지탱하는 데 제3자의 효용은 막강합니다. 굳이 '찬란한 순간에서 영원한 속박으로' 신성한 결혼의 의미를 손상시키지 않더라도, 그 효용의 위력만큼은 모두가 인정하리라 믿습니다.

제3자를 베타로 활용함에 있어, 제3자 베타로 베타 전략을 수행함에 있어 명심할 것이 있습니다. 첫째, 제3자를 꼭 인격체로 국한해서 생각하면 안 된다는 것입니다. 제3자는 사람일 수도 있고 조직일 수도 있으며, 하드웨어와 소프트웨어, 기계와 로봇, 시스템이나 인공지능, 브랜드나 이름, 상징이나 개념…, 모든 것이 될 수 있습니다. 다양한 것들을 다양한 방식으로 끌어들일 수 있습니다. 둘째, 제3자는 다수일 수 있습니다. 결혼도 그렇지요. 다수가 그때그때 다른 상황에서 역할을 합니다. 페어링처럼요. 앞에서 관계의 가치가 '제3자 신뢰'에서 '다수 신뢰'로 옮겨가고 있다고 한 것을 기억해보세요. 그때의 '제3자'는 공신력 있는 일부라는 의미가 강하기 때문에 지금의 '제3자'보다는 좁은 의미입니다. 어쨌거나 '다수의 제3자'라는 가능성을 열어놓았으니 불필요한 혼선은 없으리라 생각합니다.

가장 강조하고 싶은 것은 셋째입니다. 제3자 베타는 다양한 형식으로 존재합니다. 다른 역할을 수행하는 다양한 방식의 제3자가 있다는 거죠. 이에 따라 보완재, 다른 기업, 다른 고객, 인플루언서, 총 4가지의 제3자 베타를 설명하려 합니다. 제3자로서 이들을 구분한 구조는 뒷장에서 밝힐 테니, 일단 여기서는 제3자 베타를 필요에 따라 세분화할 수 있다는 정도만 기억하길 바랍니다.

비단 지금 소개하고 있는 제3자 베타만이 아닙니다. 그간의 베타들도 세분화가 가능할 뿐 아니라, 약간의 변형으로 새로운 베타를 만들어낼 수 있습니다. 핵심은 지금까지의 베타가 다가 아니라는 것입니다. 뒷장에서 언급될 '베타 프레임워크'나 '베타 전략 프레임워크'가 강조되는 이유는, 정해진 베타를 아는 것보다. 베타를 정하는 방법을 아는 것이 중요하기 때문이지요. 상황에 맞게, 필요에 맞게 베타를 새롭게 정의하고 새로운 베타를 창출하는 방법 말입니다. 자, 이제 4가지로 세분화된 제3자 베타를 소개하겠습니다.

제3자 보완재 베타

보완재의 정의는 이렇습니다. '두 재화를 함께 사용했을 때의 효용이 두 재화를 따로따로 사용했을 때 얻는 각각의 효용을 합한 것보다 크면 두 재화는 서로 보완재'입니다. 정의의 정의는 '어떤 말이나 사물의 개념을 추상화하여 표현하는 것'이라 할 수 있지요. 추상화하다 보니 항상 쉽지가 않습니다. 그냥 보완재는 '한 상품이 잘 팔리면 덩달아 다른 상품도 잘 팔리는 상호 보완관계에 있는 재화' 정도가 무난하다고 보고, 핫도그와 케첩, 펜과 잉크, 바늘과 실을 연상하면 됩니다. 그러나 보완재의 대표적인 예는 보통 음반산업에서 찾습니다. CD가 많이 팔리면 CD플레이어도 많이 팔리고, 또 특정 가수의 CD가 많이 팔리면 그 가수의 콘서트 티켓도 많이 팔립니다. 아이폰의 성공비결에 아이튠스가 있고, 아이튠스는 디지털 음원과 서로 보완적이죠.

보완재 자체의 사례는 흔하고 익숙하니, 보완재에 대한 관심을 조금 더 깊숙한 곳으로 이동해보겠습니다. CD 시대에는 CD를 제조하는 기업의 수익이 CD플레이어 생산 기업을 압도했습니다. 지금은 다르겠죠. CD를 구경하기도 어려운 디지털 음원 세상에서 모든 가치와 수익은 시장을 지배하는 디지털 디바이스로 모이고 있습니다. 잘나가는 음악의 생산자, 즉 아티스트의 수입은 'CD+콘서트'에서 '음원+콘서트'로 구조만 바뀌었을 뿐 크게 달라지지 않았다고 하네요.

제3자인 보완재를 선택하고, 보완재를 활용합니다. 때론 보완재를 자체 개발하여 출시하기도 합니다. 그렇다면 여기서 명확히 짚고 넘어가야 할 것은, 누가 누구를 더 보완하는지, 보완관계에서 어느 상품이 더 이득을 보는지입니다. 배달 시장이 활성화되었습니다. 배달 서비스와 일반 음식점은 상호보완적이지만, 누가 누구를 더욱 보완해주고 있을까요?

'버거킹도 우리 민족이었어', '폴바셋도 우리 민족이었어'랍니다. 과연 버거킹이나 폴바셋이 우위에 있을까요, 아니면 배달의 민족이 우위일까요?

배달의 민족은 편의점 물품을 배달해주는 서비스 '배민마켓'을 오픈했습니다. 편의점은 '소량의 고가'라는 이전의 이미지를 탈피하면서 일상용품 지역상권의 거점이 되었죠. 위치를 기반으로 다양한 신사업과 새로운 서비스가 줄을 이을 것으로 예상됩니다. 그 일환으로 배달의 민족과 편의점이 만난 것입니다. 베타 서비스 이후 이용도가 가파르게 상승 중인데, 고객이 음식 주문을 위해 배달의 민족을 이용하면서 편의점 배달을 함께하는 경우가 많다 하네요. 생각해보세요. 편의점과 배달서비스, 앞으로 어느 쪽으로 균형추가 움직일까요? 새로운 형태의 보완관계가 계속 발굴되고 있습니다. '어떤 보완재를'보다 '어떻게 보완가치를'이 더욱 심사숙고해야 할 대상입니다.

제3자 다른 기업 베타

보완재의 진화는 '다른 기업'에 맞물려 있습니다. 보완재의 범위가 특정 재화나 상품으로 다소 시야를 좁히는 경향이 있는 반면에, '다른 기업'은 포괄적인 협력을 모두 포함합니다. 통칭 '플랫폼'이라 불리는 협력전략은, 이해관계자들이 모여 각자의 역할을 상세한 규칙에 맞게 수행하며 각자의 이해가치를 증진하는 방식입니다. 서로가 서로를 이용하는 식이니 다른 기업을 활용하는 것이죠. 그러나 '다른 기업'의 영역은 플랫폼의 그것보다 훨씬 넓습니다. 구체적인 협약이나 상세한 규칙 없이, 무심코 남의 기업의 자원과 역량을 활용하는 방법도 있습니다. 대가를 지불하든 안 하든 상관없어요.

버드BIRD는 최단기간, 즉 1년 만에 기업가치 1조 원이 넘는 유니콘 기업이 된 회사입니다. 미국과 같이 큰 나라에서 대중교통 수단이 미국인들을 충분히 만족시켜주지 못하겠죠. 우버가 제공하는 편리함도 있지만, 가격문제 또는 교통체증 문제로 지하철이나 기차, 버스는 여전히 선호하는 대중교통입니다. '라스트 마일last-mile'이라 하죠. 이용자가 대중교통을 하차한 후 최종 목적지까지 가는 거리입니다. 이 공백을 채워 주는 전동스쿠터나 전동킥보드의 공유서비스를 시행한 회사가 버드입니다. 금액도 실제 사용시간에 따라 분 단위로 계산하기 때문에 단거리 이동 시에는 훨씬 저렴합니다. 실리콘밸리에서 공유 전동스쿠터는 '한 번쯤 타보는 여가 수단'이 아니라 이미 '실제 교통수단'으로 자리 잡았죠. 버드를 쫓는 후발주자 라임LIME도 이미 유니콘기업이 되었고요. 그런데 버드나 라임은 대중교통 운영회사와 긴밀한 협조관계를 맺었을까요? 우버와 플랫폼을 형성한 것인가요? 그저 제3자 다른 기업, 남의 기업을 잘 이용한 것입니다.

'다른 기업'을 무심코 공짜로 이용하는 경우도 있습니다. '망중립성'이라는 이름으로 많은 논쟁이 산재하지만, 하여튼 지금은 통신회사가 깔아놓은 통신망을 무상으로 사용하는 수많은 인터넷서비스와 콘텐츠 업체가 있습니다. 유료도로를 공짜로 이용하는 자동차이고, 유료 자동차를 공짜로 이용하는 승객이라 하겠죠. 왓챠플레이는 통신회사에는 무임이지만 콘텐츠회사에는 아닙니다. 왓챠플레이는 영화, TV 드라마 등의 영상 스트리밍 플랫폼으로, 현재 5만 편이 넘는 콘텐츠를 500만에 육박하는 가입자에게 스트리밍하고 있는 것으로 알려져 있습니다.

흔히 비교되는 넷플릭스는 자체 제작 콘텐츠의 비중이 꽤 높습니다만, 왓챠플레이는 100% 외부의 콘텐츠들입니다. 할리우드 6대 메이저 영화사와 수급계약을 체결했고, 국내에선 60여 개 공급사와 계약했다고 합니다. 콘텐츠 공급자들로부터 판권을 사는 게 아니라 수익을 분배하는 방식이니, 철저하게 '다른 기업'을 필요한 만큼만 활용하는 셈입니다.

보완관계를 뛰어넘고, 플랫폼 전략을 웃도는 것이 '다른 기업'입니다. 초연결사회입니다. 제3자인 다른 기업의 역량을 자기 기업의 것처럼 연결하고 이용하는 형태가, 그리고 그 성공사례가 폭증하고 있지요. 근자에 출간된 탈레스 테이셰이라Thales S. Teixeira의《디커플링》에서 일부의 현상을 설명하고 있습니다. 남의 역량을 마치 나의 것처럼 활용하는 방안에 대한 보다 본질적인 내용은, 그에 앞서 출간된 제 책《당신의 퀀텀리프》를 참고하길 바랍니다.

제3자 다른 고객 베타

'다른 고객'을 활용하는 방안은, '다른 기업'을 활용하는 것보다는 익숙합니다. 아무래도 '다른 기업'은 같은 입장의 경쟁상대로 인식하는 게 일반적이라 그런가 봅니다. 고객을 통해 또 다른 고객을 확보하고 유지하는 여러 마케팅 전략을 굳이 설명할 필요는 없겠지요. 그냥 고객 간의 소통과 커뮤니티를 활성화하여 '고객심'을 군건하게 하는 대표적인 예를 하나 들어보는 것으로 족할 것 같습니다.

할리데이비슨만큼 끈끈한 고객을 내세울 수 있는 제품도 없을 것입니다. 고객이 아닌 사람은 절대 이해 못할 끈끈함이죠. 할리데이비슨은 호그HOG, Harley-Davidson Owners Group라는 고객 커뮤니티를 통해 마일리지 보상, 무료 모터사이클 잡지,

보험 혜택 등을 제공합니다. 무료가 아닙니다. 월 45달러를 내야 하지만, 전 세계에 130만 명 이상의 가입자가 있고, 국내의 경우에도 2019년 호그 랠리에는 1,000여 명의 라이더들이 모였다고 하죠. 할리데이비슨 라이더와 가족들을 위한 패밀리투어도 진행합니다. 특유의 마초 이미지와 커스텀 문화를 주창하며 고객들은 '그들만의 리그'에서 벗어날 생각을 하지 않습니다. 할리데이비슨 입장에서는 얼마나 기특할까요.

온라인의 활황으로 고객의 연결을 지원하고, 이를 통해 고객 바인딩binding을 추구하는 일은 보편화되어 있습니다. 그러나 고객을 연결하여 더한 일도 해낼 수 있습니다. '베르덴스 강Verdens Gang', 일명 VG는 노르웨이의 신문입니다. 종이 신문으로 시작했지만, 지금은 노르웨이 온라인 신문의 최고 위치에 도달했지요. 하루에 200만 명 가까운 사람들이 온라인 VG를 찾는다고 합니다. 그런데 혹시 노르웨이의 인구가 얼마인지 아나요? 500만을 겨우 넘습니다. 정녕 유력한 온라인 신문입니다.

온라인 VG의 성장에 크게 공헌한 질문이 있었습니다. '독자들이 서로를 도울 수 있도록 우리가 도울 순 없을까?' 자연재해가 일어나고, 큼직한 사건이 터집니다. VG는 기자를 사방팔방으로 보내는 대신 앱을 만듭니다. 재해와 사건이 일어난 곳 근처에 있는 독자들이 긴박한 상황을 전하고, 앱을 통해 독자들이 연결되어 서로 도와주고 협력합니다. 그 와중에 실시간 정보와 생동감 넘치는 사진이 앱에 올라옵니다. 온라인 VG는 그렇게 뉴스를 만듭니다. 온라인으로 온라인답게 200만에게 전달하는 것이죠. 고객과 고객의 연결을 통하여 더욱 많은 다른 고객과의 연결을 구가합니다. '독자들이 서로를 도울 수 있도록 우리가 도울 순 없을까?'라는 질문에 답하며 VG는 우뚝 섰습니다.

제3자 인플루언서 베타

인터넷이나 모바일에서 영상을 즐겨보는 사람 중에 '인플루언서'의 영향을 받지 않는 사람은 없을 것입니다. 앞서 설명한 'Z세대' 4명 중 3명이 소셜미디어상의 인플루언서를 팔로우하고, 상당수가 그들의 주장과 추천을 신뢰한다는 조사 자료도 있습니다. 미국의 경우 10대 청소년이 인플루언서에게 느끼는 친밀도는 과거 연예인에게 느끼는 친밀도에 비해 무려 7배나 높다고 합니다. 진정 영향력 갑입니다.

그런데 이는 단지 Z세대에만 해당되는 이야기가 아닙니다. 에미레이트 항공은 할리우드 유명 여배우인 제니퍼 에니스톤Jennifer Aniston을 광고 모델로 기용하여 그 해 마케팅 예산의 1/4인 500만 달러를 지급합니다. 이 광고는 유튜브에서 600만 뷰를 기록하죠. 한편 이런 일이 있었습니다. 에미레이트 항공의 한 직원이 유튜브 구독자수 1,000만을 상회하는 케이시 네이스탯Casey Neistat에게 퍼스트 클래스 항공권을 무료로 제공합니다. 케이시 네이스탯은 퍼스트 클래스 비행을 맘껏 즐기는 영상을 제작하여 업로드하였는데, 이 영상은 5,200만 뷰를 달성하게 됩니다. 광고효과가 유명 여배우의 9배쯤 됩니다. 미국 10대 청소년의 7배를 능가하네요!

연령대를 불문하고 인플루언서의 영향력은 높아져만 갑니다. 특별하지 않은, 그러나 뭔가 특별한 인플루언서의 매력에 빠지면 그를 추종하게 됩니다. 영향을 받게 됩니다. 이제 동네의 작은 가게부터 글로벌 초대형 기업까지 인플루언서에 의지하는 시대입니다. 적절한 인플루언서 찾기에 전전긍긍하고 있습니다.

'인플루언서'의 특별한 매력을 꼭 전문성이라 말하기는 어렵습니다. 더한 전문가는 이미 차고 넘치니까요. 어쩌면 구독자와의 동질감을 담보로 한 친근감이 주요하다고 하겠지요. 그만큼 또 중요한 것은, 제3자 입장에서 가질 수 있는 객관성과 거기에서 파생되는 진실함이라 할 수 있습니다. 만일 이런 진실한 느낌이 무너진다면 인플루언서의 인플루언스는 없어질 것입니다.

인스타그램에서 80만 명 이상의 구독자를 돌파한 '슈퍼 인플루언서' 임블리는 치명타를 입습니다. 연 매출 1,700억 원의 온라인 쇼핑몰도 위기를 맞았고요. 나름의 전문성과 친근감으로 승승장구했지만 '호박즙 곰팡이' 사태로 진실 여부와는 상관없이 진실함을 잃고 말았습니다. 자신들의 물건 판매를 위함이었으니, 애초부터 제3자 인플루언서도 아니었지만요. 인플루언서 영향력의 순간성을 이야기하기 위해 든 사례입니다. 특정 인플루언서에 대한 안 좋은 사례를 들어 저 역시 언짢은 마음입니다. 암튼 인플루언서든, 온라인 쇼핑몰이든, 본연의 위치를 찾아가기를 바랍니다.

4부

[베타의 완성]

베타 전략

BETA STRATEGY

전략의 출발

　'전략strategy'은 멋진 단어입니다. 좋은 영어발음으로 듣는 '스트래터지'라는 어감도 멋집니다. 그렇지만 이 멋진 단어에도 멋지지 않은 구석이 있습니다. 전략을 논할 때면 항상 빠지지 않는 허전함이 있습니다. 포괄적인 맥락이 모든 전략의 구조적 특성이기 때문이지요. 특히 저와 같은 엔지니어의 관점이나, 당장의 해결책을 갈구하는 경영자의 입장에서는, 짙은 모호함에 깊은 아쉬움이 남는 경우가 많습니다. 지나치게 '전략, 전략' 하는 전문가의 전문성에 때론 의구심마저 드는 이유인가 봅니다. 인간관계에서도 '전략적'이라고 하면 왠지 진실하지 못한 의도가 먼저 연상되니까요.

그럼에도 불구하고 전략은 멋진 단어입니다. 전략이론에 과다한 기대를 갖지 않고 전략 전문가에게 과도한 부담만 주지 않는다면, 충분히 멋지게 활용하고 응용할 수 있습니다. 많이 들어보았죠? 나침반이 시계보다 중요할 때가 있다는 말을요. 우리는 매일매일 동그란 시계를 들여다보지만, 나침반이 알려주는 올바른 방향을 모르면 시계가 알려주는 시간은 그저 돌아가는 쳇바퀴에 불과한 것이죠.

전략은 나침반과 같습니다. 사방팔방을 봐가며 방향을 짚어줍니다. 앞뒤전후를 따지며 헤매지 않게 도와줍니다. 근본적으로 거시적인 안목에서 작동하는 것이 전략이니까요. 전략의 나침반으로 올바른 방향과 지향점을 정한 후에야, 시계를 쳐다보며 자신의 상황과 기업의 여건에 맞게 실행방침을 세웁니다. 실천적인 세부방안, 이것은 온전히 시계를 착용한 각자의 몫이고요.

이 장만큼은 가급적 단어와 사례의 선택을 경영전략에 초점을 맞추겠습니다. 기업과 고객의 관계에 집중하여 설명하겠습니다. 그러나 여러 번 얘기했듯이, 기업과 고객 관계 외의 다양한 관계에 대입할 수 있습니다. 알고 있겠지요? 그것 역시 독자의 몫이라는 것을요.

앞에서 경영전략의 전반을 짧고 굵게 정리한 바 있습니다

(53쪽). 현대 경영전략 이론을 자원역량, 경쟁구조, 벤치마크라는 3가지 관점으로 구분했죠. 용어가 아직 낯설다면, 이렇게 생각해보세요. 동서고금을 막론하고 전략서의 최고봉인 손무孫武의《손자병법》에서 반복되는 명언은 역시 '지피지기知彼知己 백전불태百戰不殆'입니다. 적을 알고 나를 알면 백번 싸워도 위태롭지 않다는 뜻인데, 적을 아는 것이 경쟁구조 관점이고, 나를 아는 것은 자원역량 관점입니다. 덧붙여 벤치마크 관점은 말 그대로 잘나가는 기업 좇아가기고요. 결국 대다수의 전략이론들은 어느 쪽에 더 비중을 실었느냐의 문제일 뿐, 나를 알고 상대를 알아야 한다는 고색창연한 전략의 기본을 벗어나지 않는다는 사실을 확인시켜주고 있습니다.

그렇습니다. 전략이 제공하는 효용은 기본적으로 거시적인 방향과 포괄적인 맥락이지요. 그러다 보니 특정 전략이론이 강조하는 핵심은 의외로 간단합니다. 예를 들어 '핵심역량이론'은 '남들과 차별화할 수 있는 역량에 집중하라'는 것이고, '블루오션 전략'은 '경쟁이 치열하지 않은 새로운 시장을 개척하라'입니다. '파괴적 혁신'은 '단순하고 저렴한 제품, 서비스로 기존의 강자 중심의 시장을 파괴하라'는 얘기이고, 수년 전부터 제가 강조하고 있는 '매개 전략'은 '사이 존재 매개자가 되어 시장과 플랫폼을 장악하라'는 것입니다. 이렇듯 전략이론에는 명료한 메시지가 있으니 저도 경영전략을 짧고 굵게 정리할 수 있었습니다.

그보다 중요한 것이 있습니다. 하나의 전략이론을 활용하기에 앞서 필요한 것이 무엇일까요? 전략이론의 핵심메시지를 이해했다고 해서 누구나 잘 활용할 수 있는 것은 아닙니다. 그 메시지가 나오기 전에 이미 전제되어 있는 주안점, 즉 전략가가 전략을 만들어낸 관점을 아는 것이 중요합니다. 말장난 같지만, 세상과 경영을 보는 제대로 된 관점을 갖기 위해서 전략이 필요하지만, 정작 전략이 만들어진 관점을 아는 관점도 필요합니다.

앞서 정리해본 경영전략 이론들은 모두 '나'에 대한 관점 혹은 '너'에 대한 관점으로 만들어졌습니다. 나를 알고 적을 알아야 승리한다고 하니, 나를 분석하고 상대를 분석하는 관점으로 전략이 만들어집니다. 나를 알아야 하니 내부자원과 핵심역량을 분석하고, 상대를 알아야 하니 경쟁자와 고객을 분석합니다. 나 아니면 너, 당신 아니면 상대, 당신 기업 아니면 경쟁기업 혹은 고객이 주안점이고, 분석하고자 하는 존재입니다.

'나 아니면 너'라는 식의 존재 중심의 관점은 이미 팽배해 있습니다. 기업이 이제껏 추구해온 가치의 변천에서도 극명하게 나타나 있었죠(65쪽). 꽤 강한 어조로 강조했었습니다. 기업이 그토록 목매는 단어들은 대부분 기업 중심의 관점이라고요. '생산성'은 원래 기업 내부의 일입니다. '품질'도 그냥 잘 만들면 시장에서 통하고 고객이 사준다는 발상이죠. 관점과 관심이 자사에 머물다가 '고객만족'으로 고객에게 다가갑니다. '고객만족'이라는 기치 역시 사실은 기업의 '자기만족' 성향이 강합니다만, 어쨌거나 주목의 대상이 고객으로 바뀐 것은 맞습니다.

고객을 왕으로 모시며 만족시키고 감동시켜야 하니, 이제는 '나'에서 '너'로 관점이 이동했습니다. 고객을 알고자, 새로운 고객을 얻고자 이번에는 고객을 연구합니다. 연구를 하려니 자연스레 고객을 분류하기 시작합니다. 가장 쉬운 방법으로 연령대별로 특성을 구분합니다. 세대로 뭉뚱그려 고객의 성향을 파악하려 함이죠. 베이비붐세대, X세대, Y세대, Z세대, 90년대 생 등등으로 이름 붙이면서요(108쪽).

그럴 수밖에 없지 않느냐고 말할 수도 있겠죠. 그러나 생각해보면 지금까지는 '나'와 '너'만 보았습니다. '자사'와 '고객' 혹은 '경쟁사' 중심으로 보았습니다. 각각을 따로따로 집중해서 보는 관점, 바로 이 존재 중심의 관점으로 전략이론은 전개되었죠.

그래서 꽤나 많은 지면을 할애해서 존재론과 관계론을 비교한 것입니다(167쪽). 동양과 서양, 합리주의와 경험주의, 기호주의와 연결주의, 이어서 진화한 기호적 인공지능과 신경망 인공지능까지 끌어들여 설명했습니다. 존재와 관계의 의미를, 그 차이를 설명했습니다.

누구나 말하죠. 관계가 중요하다고. 인간관계든 비즈니스 관계든, 관계가 정말 중요하다고. 게다가 초연결시대 아닙니까. 연결이 범람하고 빠르게 번식하는 시대입니다. 연결의 다른 말은 관계고요. 초연결시대의 다른 말은 초개인주의 시대라고도 했습니다. 개개인의 성향이 날이 갈수록 개인주의로 치달으면서(125쪽), 초개인적인 고객과의 관계를 더욱 고민해야 함은 지당하고 또 지당하겠죠. 그런데 존재 중심의 관점이라니요. 존재 중심의 관점에 기초한 전략이라니요.

관계에 기반한 전개, 관계 중심의 관점, 관계에 역점을 둔 전략이 절실합니다. 어차피 절대적인 존재는 없고, 절대적으로 변하지 않는 존재도 없습니다. 존재의 절대적인 특성은 없습니다. 절대적인 존재, 절대적인 존재의 특성으로 세상을 말하고 전략을 논하기는 상대적으로 쉽습니다. 바로 그 편이성, 이론이라 이름 붙이려면 확보해야 할 그 보편성 때문에 존재 중심의 전략이 널리 보급되었겠지요.

물론 관계의 특성도 절대적이지 않습니다. 연결이 이어졌다 끊어졌다 하듯이 관계의 상대가 시시각각 바뀝니다. 연결이 굵어졌다 가늘어졌다 하듯이, 같은 상대와의 관계도 때에 따라 같지 않습니다. 관계를 지탱하는 가치인 '신뢰'와 '책임'도 분산되고 흩어지고 있습니다(185쪽). 뭐라고 딱 부러지게 정리하기 어려운 것이 관계 중심의 관점입니다. 깔끔하게 묘사하기 어려운 것이 관계 중심의 전략입니다. 그러나 베타 전략은 관계 중심의 관점으로 만들어진 전략입니다. 딱 부러지게, 깔끔하게 정의하기는 어렵지만, 관계 관점의 전략입니다. 이것이야말로 이 책을 읽는 당신이 유념하고 알아주었으면 하는 베타 전략의 출발이자 그 관점입니다.

어떤가요? 다시 한번 앞으로 가서 읽어보고 싶지 않으세요? 그간의 여러 서설들을 한데 묶어보았습니다. 중언부언했던 연유를 비롯해 베타와 베타 전략의 근저를 다졌던 사고의 흐름을 피력하고자 했습니다. 이제 기초공사를 마쳤으니 그 위에 베타와 베타 전략을 쌓아보겠습니다.

순간을 지키는 힘

《손자병법》의 가르침은 '나를 알라'도 아니고 '너를 알라'도 아닙니다. '나를 알고 너도 알라'죠. 그것으로 '나를 알라'에 치우친 '자원역량 관점' 전략이론과 '너를 알라'에 기울어진 '경쟁구조 관점'을 뛰어넘습니다. 그래서 위대한 전략서라 부르나 봅니다. 그러나 좀 더 깊이 생각해야 합니다. 나, 즉 여러분 기업의 자원과 역량은 항상 변합니다. 너, 즉 고객 혹은 시장의 경쟁과 구조 역시 항시 변합니다. 그러니 '나를 알고 너도 알라'만으로는 안 됩니다. 나와 너를 아는 것이 한 번으로 끝나면 안 됩니다. '나를 알고 너도 알고, 또 나를 알고 너를 알고, 다시 나를 알고 너를 알고….' 이래야 한다는 것입니다. '기브 앤 테이크'가 아니라 '기브 앤 테이크 앤 기브 앤 테이크 앤 기브…' 이렇다는 것이죠.

이렇듯 연이어짐은 사실 이런 얘기입니다. 일단 '기브 앤 테이크'는 '기브'와 '테이크'가 아니고, 그저 '기브 앤 테이크'입니다. 그리고 한 번 주고, 한 번 받는 것이 아니라, 계속 주고받는 것입니다. '주받주받주받…', 이렇게요. 나와 너는, 기업과 고객은, 아니 어떠한 관계도, 만일 그것이 이어져야 하는 관계라면, 한 번으로 끝나는 주고받음이 아닙니다. 세상도 변화하고, 나와 너, 기업과 고객, 시장, 경쟁자 모두가 변합니다. 그것도 빠른 속도로요. 그러하니 한 번 주고받았다고 무언가가 계속 이어질 거라 기대하면 오산입니다. '나'와 '너'가 아닌 '나와 너', 아니 '나너나너나너…'입니다. '주고'와 '받고'가 아닌 '주고받고', 아니 '주받주받주받…'을 기억해야 합니다.

그렇습니다. 기존의 전략은 태생적으로 '나'와 '너'에 주안하고 있습니다. 그러나 작금의 세상은 '나와 너', '나너나너나너…'를 바라보는 관점의 전략을 요구합니다. 베타는 바로 그 점에 착안했습니다. 계속 주고받고 이어지는 흐름으로 양편의 관계를 보아야 한다는 점에 착안한 것입니다. 그리하여 베타는 '움직이는 무엇'이라 했습니다. 시계추처럼, 진동

자처럼, 나와 너, 당신과 당신의 상대, 그리고 기업과 고객 사이에서 역동적으로 움직이는 무엇이라 했습니다. 역동적으로 움직이며, '양편을 끊임없이 끊김 없이 이어주는 것'을 베타라고 했습니다. '나너나너나너…', '주받주받주받…' 하며 '끊임없고 끊김 없는 관계'를 갈구하고 강구하는 것이 베타의 역할입니다. 존재보다는 관계에 주목하게 만드는 것이 베타의 역할입니다.

의아해할 수 있습니다. '나'와 '너'의 존재보다는 '나와 너'의 관계에 주목하자면서, 왜 '나'와 '너' 사이에 또 다른 존재인 '베타'를 넣었을까요? 엄밀히 말하면 베타는, 객체인 존재라기보다는 관계를 형상화하기 위해 고안된 것입니다. 관계를 이끌어가는 운동, 동작, 작용 정도로 보는 것이 맞습니다. 그렇지만 마치 하나의 존재처럼 표기합니다. 시각화를 통해 이해를 높이기 위해서, 그리고 그간에 워낙 공고했던 전통적이고 일반적인 시각을 깨기 위해서 그랬습니다. 존재 중심의, 양편의, 둘만의, 이원적인, 일대일의 시각을 깨기 위하여, 둘 사이에 베타를 넣은 것입니다. 그렇다고 베타가 그 사이에서 우두커니 머물고 있는 존재는 결단코 아닙니다. 베타는 역동적입니다. 이제는 이해와 양해를 모두 구해도 되겠죠?

완벽한 당신은 없고 훌륭한 그대도 없다.
완벽한 기업은 없고 훌륭한 고객도 없다.

이 책의 앞부분 내용 중 상당 부분이 이 두 문장으로 요약됩니다. 완벽한 기업은 없습니다. 완벽한 제품도 없고 완벽한 서비스도 없습니다. 고객이요? 당연합니다. 훌륭한 고객을 예상하고 고객의 훌륭한 행위를 가정하면 안 됩니다. 절대로요. 물론 '완벽한 기업은 없고 훌륭한 고객도 없다'라고 한 것은, 그간의 주안점, 그간의 전략의 초점인 '기업'과 '고객'의 존재감을 낮추려는 의도도 있습니다. '어떻게 하면 기업을, 제품을, 서비스를 완벽하게 할 수 있을까?', '어떻게 하면 고객을 (여러분 기업의 뜻대로) 훌륭하게 만들 수 있을까?'와 같은 구태의연한 질문에서 벗어나게 하려는 의도입니다. '기업'과 '고객'이라는 존재 중심의 관점에서 탈피해보자는 저의입니다.

그러나 '완벽함'과 '훌륭함'을 바라지 말자고 한 데는 더 큰 의미가 있었습니다. 완벽함도, 훌륭함도 잊어야 하는 데는 훨씬 더 큰 의의가 있음을 뼈저리게 느껴야 합니다. 그래서 소위 '각성'이라는 뼈아픈 표현을 전면에 내세운 것이지요.

'완벽함을 잊자'고 한 이유는, 완벽함을 추구할 때 잃는 것을 잃지 말아야 하기 때문입니다. 다시 말하지만, 완벽하면 좋죠. 완벽한 제품과 서비스를 제공하는 완벽한 기업은 멋집니다. 완벽함을 추구하는, 추구하기 위해 노력하는 기업도 매력적입니다. 그러나 완벽할 수가 없습니다. 설령 완벽해졌다 해도 그 완벽은 오래가지 못합니다. 특히나 완벽해지기 위해 들어갔던 비용, 기회비용을 생각해보면 씁쓸합니다. 완벽하기 위해 준비했던 많은 시간, 그 시간에 어떤 일이 일어났는지를 생각하면 쓰디씁니다.

'사람은 자기를 기다리게 하는 자의 결점을 계산한다'고 했죠? 당신이 완벽하게 보이고 싶은 상대, 당신의 완벽한 제품과 서비스로 인정받고 싶은 고객에게는 더 중요한 게 있습니다. 완벽함보다 더 중요한 것 말이죠. 상대에게, 고객에게 선사해야 할 덕목은 '기다리지 않게 함'입니다. 완벽하겠다는 의욕은 일종의 욕심입니다. 고객만족이 아닌 자기만족입니다. 손꼽을 수 없이 다양한, 그리고 손꼽히는 우량한 품질의 제품이 전 세계에 깔려 있고 고객의 눈앞에 쫙 펼쳐져 있는데, '완벽함'이 무슨 대수란 말입니까. 지금이 어떤 시대인지를 생각해보세요. 무엇을 잊고 무엇을 기억해야 하는지가 명백해질 것입니다.

베타가 추구하는 것은 '쾌속'이라 했습니다. 기업과 고객의 살아 있는 연결을 위해서입니다. 완벽함에 희생될 뻔했지만, 이제 완벽함을 제물로 바치고 얻어야 하는 것은 '쾌속'입니다. '쾌속'은 그냥 '속도'가 아니며, '유쾌-상쾌-통쾌'한 속도라 했습니다. 무조건 빠른 속도가 아니라 상대의 입장에서 적당한 속도입니다. 무리하게 '빨리빨리'를 외치는 기업의 입장이 아닌 고객에 맞는 적절한 속도입니다. 상대와 고객을 '쾌'하게 하는 속도죠. 베타는 기업을 잡아끌어 고객에게 '쾌속'으로 다가가고 있습니다.

'훌륭함도 잊자'는 어쩌면 너무도 당연한 얘기입니다. 고

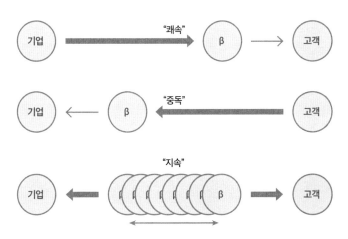

베타의 작용과 가치

객에게 훌륭함을 바라는 건 당치 않습니다. 고객은 원체 이기적입니다. 필요에 의해 제품과 서비스를 둘러보고, 필요에 따라 선택하며, 필요할 때만 구매합니다. 필요하면 찾고 필요하지 않으면 버립니다. 사소한 차이의 가격과 가치, 미미한 보너스 포인트와 마일리지로 선택을 바꾸는 변덕스런 존재입니다. 그런 존재에게 무엇을 바라나요? '훌륭'도 모자라 '충성'까지 바라다니요? '고객충성도'를 외치고 연구합니다만 대부분은 부질없는 짓입니다. 오늘 우리에게 충성스러운 고객은 내일 경쟁사를 칭송합니다. 적으로 탈바꿈한 거죠. 고객은 대가를 지불한 것으로 끝입니다. 방문해주고 게다가 대가까지 계산했으면 그만이지, 그 이상을 바라면 안 됩니다.

그러나 많은 기업의 전략과 마케팅 활동은 알게 모르게 훌륭한 고객을 상정하고 고객의 충성을 가정합니다. 필요한 것을 채워주기만 하면 그 자리에 늘 그대로 있는 고객을 전제합니다. 고객을 대략 파악하고 대충 응대하며 필요한 제품과 서비스를 만들어 고객에게 던져줍니다. 집어 가라고요. 하지만 알아야 합니다. 집어 든 고객은 떠납니다. 충족되었으니까요. 고객은 '잠깐 방문한 나그네'라는 뜻이라 말했습니다. 잠깐 그 자리에 있었던 고객은 뒤돌아보지 않고 떠납니다. 필요가 충족되었으니까요. 떠나보내고 싶지 않아도 말이죠.

기억해야 합니다. '필요는 충족될 수 있지만, 욕망은 결코 충족될 수 없다.' 훌륭하지 않은 고객을 붙잡는 방법은 '충족되지 않게 함'입니다. 그래서 충족되지 않게 하기 위해, 고객에게 끄집어내야 할 것은 '필요'가 아니라 '욕망'입니다. 기업이 고객에게 제공해야 할 것은 '충족되지 않는 욕망'이어야 합니다. 그렇다면 '충족되지 않는 욕망'을 품은 고객은 어떤 행태를 보일까요? 충족되지 않은 욕망을 충족시키려 하겠지요. 충족하려고 자발적으로 계속 애쓰겠지요. 계속 애쓰며 벗어나지 못하겠지요. 그게 바로 '중독'입니다. 훌륭함을 잊자며 베타가 제안한 가치는 '중독'이었습니다. 바로 앞의 그림에서 보듯이, 베타는 고객을 잡아끌어 기업에 다가오게 하고 있습니다. 그러면 충족되지 않은 욕망, 즉 '중독'으로 고객은 떠나지 않을 겁니다.

'오직 순간의 진실이다.' 참으로 냉정한 말이죠. 그렇지만 세상을 겪고, 관계를 경험하면서 모두가 알아가는 진실입니다. 별로 어렵지 않게 받아들였을 것 같네요. 완벽한 기업, 제품과 서비스는 어렵다 했습니다. 순간은 완벽했는지 모르겠지만요. 훌륭한 고객, 충성스러운 고객은 어렵다고 했습니다. 어떤 순간은 훌륭했는지 모르겠지만요. 순간 완벽한 기업과 순간 훌륭한 고객이 만납니다. 관계합니다. 완벽하고 훌륭한 순간이 만들어집니다. 완벽하고 훌륭한 순간으로 관계는 순풍에 돛을 답니다. 그러나 그 바람이 언제까지 순풍일까요? 그 바람을 언제까지 바랄 수 있을까요. 완벽하고 훌륭한 순간, 기업과 고객의 완벽하고 훌륭한 관계, 모두 순간의 진실입니다. 냉정하지만 현실의 얘기입니다.

'순진한 자는 순간의 진실을 영원이라 믿는다'라고 큼직하게 보여주었습니다. 눈물을 글썽이고 주먹을 꽉 쥐며 진실을 다짐합니다. 그러나 그 진실은 순간입니다. 오직 순간의 진실일 뿐인데, 그 순간의 황홀함을 잊지 못하고 영원으로 끌고 가고자 합니다. 본의 아니게 순진해지는 거죠. 순진하든 아니든, 어쨌거나 성공적인 관계를 위해서는 순간을 이어가야 합니다. 냉엄한 현장의 길바닥에 서 있는 기업은 이런 엄연한 현실을 바닥에 깔고 대처해야 합니다. 고객과의 값진 순간을 연이어가는 방법을 고안하기 위해서요.

'순간 되지 않게 함'입니다. 그리고 이를 위해 베타는 '지속'을 외칩니다. 베타는 고객과 기업의 가운데에 위치하여 끊어지지 않게, 끊기지 않게 양편을 오갑니다. 직전의 마지막 그림을 보세요. 지면이라는 한계가 아쉽지만, 역동적으로 움직이는 베타를 상상해보기를 바랍니다. 한 번은 '쾌속'으로 고객에게 다가가고, 한 번은 '중독'으로 고객이 다가오게 합니다. '쾌속과 중독, 다시 쾌속과 중독, 또다시 쾌속과 중독…' 하며, '나너나너나너…', '주받주받주받…' 하며, 기업은 고객과의 관계를 이어갑니다. 끊임없는 끊김 없는 관계를 연이어갑니다. 베타는 순간을 지키는 힘입니다. 이러한 베타가 있어야 합니다. 그렇다면 과연 어떻게 순간을 지키는 베타를 얻을 수 있을까요?

너와 나의 삼각관계,
베타 트라이앵글

'끊끊한 관계', 즉 '끊임없고 끊김 없는 관계'가 베타가 지향하는 목표입니다. 그러다 보니 베타 전략을 하나의 (좁은 의미의) 관계전략으로 간주하지 않을까 하는 걱정이 앞서는 군요. 아무리 관계가 중요하다 해도, 관계전략이라는 명칭으로 베타 전략의 범위를 한정하고 싶지 않습니다. 상대와의 관계, 고객과의 관계를 설정하고 유지하는 것과 더불어 관계를 위한 상품 또는 비즈니스 모델 개발, 생산과 유통 및 서비스 운영, 조직관리와 진단평가 등을 아우르는 전략입니다. 기업 내부의 자원역량 개발과 외부의 경쟁구조 개선을 모두 포함하는 전략입니다. 그 이유는, 앞서 강조했듯이, 베타 전략은 경영과 경영의 포괄적인 이해관계자에 대한 기본적인 관점을 달리하는 전략이기 때문입니다. 존재 중심의 시각을 탈피하여 관계 중심의 관점을 들이대는 전략입니다. 관계 중심의 개념에서 출발했다고 관계전략으로 시야를 좁히는 일은 없었으면 하는 노파심에 해본 이야기입니다.

양편의, 둘만의, 이원적인, 일대일의 관계가 아닙니다. '나와 너'가 아니라, '나와 너 그리고 베타'입니다. '기업과 고객'이 아니라, '기업과 고객 그리고 베타'입니다. 베타의 등장을 더욱 뚜렷하게 형상화하기 위해서 지금까지의 그림을 조금 바꿔보겠습니다. 양쪽 사이에 있던 베타의 위치를 조금 아래

베타 트라이앵글

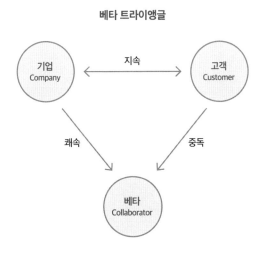

로 내렸습니다. 아래로 내리면, 그림과 같이 삼각구도가 됩니다. 삼각관계라 해도 좋습니다. 이를 '베타 트라이앵글'이라 부르겠습니다.

앞에서도 말했지만, 삼각관계는 종종 긴장감을 유발합니다. 짝이 맞지 않으니 뭔가 차분하지 않습니다. 하지만 차분하지 않아야 합니다. 차분하지 않고 정적이지 않은, 동적인 관계가 베타가 원하는 것입니다. 긴장감 있고 역동적이며 살아 있는 연결을 구가합니다. 이것이 베타의 존재 의미니까요. 안정적이지 않은 삼각관계는 한편으로는 안정적인 삼각구도를 형성합니다. 묘하게도 안정적이지 않은 3자가 이루는 삼각이 안정적입니다. 그래서 베타로 완성되는 트라이앵글을 제시했습니다.

그런데 베타 트라이앵글을 이루는 삼자의 구도를 '3C'라 불러도 됩니다. 기업Company과 고객Customer, 그리고 베타가 있는데, 베타는 이런저런 방편으로 기업과 고객의 관계증진을 돕습니다. 가히 협력자Collaborator라 부를 만하죠. '3C'가 완성됩니다. 전략이론 연구자들은 이런 식의 단어 조합을 좋아합니다. 강렬하게 각인시키고자 하는 의도겠죠. '3C'도 그렇게 여겨주기 바랍니다.

한 번 더 강조하겠습니다. 비록 베타는 삼각관계의 한 자리를 차지하고 삼각구도의 한 축을 지탱하고 있지만, 베타를 기업과 고객과 같은 또 하나의 구체적인 존재로 인식하지 않았으면 합니다. 기업과 고객처럼 명명백백한 존재 사이를 오가는 베타, 베타는 유형일 수도 있고 무형일 수도 있습니다. 물건이기도 하고 개념이기도 한 것입니다. 그간의 시각과 관점을 허물기 위해 시각화해서 보여주었지만, 이 점은 곧 명료해질 테니 염려하지 않아도 됩니다.

이제 남은 관건은 이렇습니다. 고객이 기다리지 않게 '쾌속'을, 고객이 충족되지 않게 '중독'을, 그래서 고객과의 소중한 관계가 순간으로 끝나지 않게 '지속'을 추구합니다. 이를 달성하는 협력자인 베타로 삼각구도를 구축합니다. 역동적이지만 안정적으로 끊임없고 끊김 없는 관계를 구가합니다. 과연 어떤 베타가 있을까요? 어떠한 베타가 그 역할을 수행할 수 있을까요? 그 부분이 남았습니다.

이를 위해 '베타 전략 프레임워크'를 구성합니다. 앞에서 전략은 나침반과 같다고 말했습니다. 거시적인 안목으로 방향을 짚어주는 것이 전략이고, 그 전략의 방향성을 기반으로 각자가 자신의 상황과 기업의 여건에 맞는 실천방안을 세워야 한다고요. 그것이 전략의 효용성이라고도 했습니다. 그래서 틀, 즉 프레임워크가 중요하고 요긴합니다. 프레임워크는

'전략의 창窓'입니다. 창을 통해 세상을 봅니다. 세상을 보는 관점을 제공하는 것이 전략 프레임워크죠.

'베타 전략 프레임워크'에 앞서 '베타 프레임워크'를 먼저 살펴보겠습니다. 베타 프레임워크는 베타의 목표를 실천하기 위한 베타의 형식, 베타의 종류를 보여줍니다. 물론 보여주는 데서 그치는 것은 아니고, 주어진 틀을 활용해 새로운 베타, 나만의 베타를 생성해내기를 종용하는 프레임워크입니다. 앞서 소개한 베타, 전혀 새로운 베타로 당신의 베타 전략을 가능하게 하는 틀이니, '베타 프레임워크'는 넓은 의미의 '베타 전략 프레임워크'의 일부라 하겠습니다.

오른쪽 그림을 보면, 가로 축은 '기능적 제공functional offering'입니다. 기업이 제공하는 기능적인 측면을 나타냅니다. 가로 축의 오른쪽으로 갈수록 정도가 커집니다. 반면 세로 축은 '정서적 제공emotional offering'입니다. 기업이 제공하는 정서적인 측면이고, 위쪽으로 갈수록 그 정도가 커집니다. 일단 두 축을 보면서, 쾌속·중독·지속을 이뤄내는 방법으로, 기능적으로 혹은 정서적으로도 무언가를 제공한다고 이해하면 됩니다. 그리고 2개의 축이 만들어내는 사분면에도 각각 2개씩 용어가 적혀 있습니다.

1사분면(높은 기능적 제공, 높은 정서적 제공)에는 '피상적 다양'과 '제한적 다양'이 있고, 2사분면(낮은 기능적 제공, 높은 정서적 제공)에는 '집중적 고양'과 '분산적 고양'이 있으며, 3사분면(낮은 기능적 제공, 낮은 정서적 제공)에는 '절제적 호의'와 '조절적 호의'가, 4사분면(높은 기능적 제공, 낮은 정서적 제공)에는 '단속적 참여'와 '연속적 참여'가 있습니다.

8가지 용어가 바로 베타입니다. 앞에서 등장한 베타의 형식입니다. 쾌속·중독·지속을 도모하는 기능적 혹은 정서적, 유형적 혹은 무형적인 다채로운 형식의 베타입니다. 이 베타

베타 프레임워크와 베타의 종류

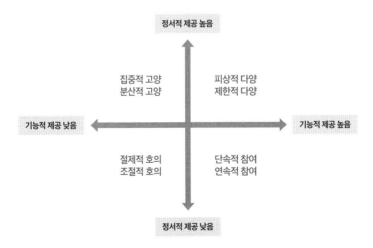

들을 보면서 다시 한번 생각해보고 고민해보기 바랍니다. 당신의 베타는 무엇인지, 당신의 기업에 적합한 베타는 무엇인지를요. 이를 위해 하나하나를 다시 정리해보겠습니다.

1사분면의 '피상적 다양shallow diversity'은 가볍게 다양성을 구비하는 방편입니다. 고객에게 제공하는 기업의 제품과 서비스에 추가된 부가기능을, 가볍게 잽을 날리듯 제공하는 방식입니다. 중요한 것은, 피상적인만큼 효과가 오래가지 않으니 계획된 시리즈의 기능제공이 가능해야 한다는 것입니다. 빠르게 제공하고 빠르게 다가갑니다. 연이은 잽이 고객을 정신 못 차리게 하고 녹다운시킬 수 있으니 정서적 제공도 크다고 봐야겠지요. 쾌속의 베타, '새로움을 포장하라(87쪽)'가 이것에 해당했습니다.

반면에 '제한적 다양narrow diversity'은 상품의 개발단계에서 준비하고 고려한 다양성입니다. 빌트인 되어 있는 옵션처럼요. 주지하다시피, 고객은 상품구매 후 초기 단계에서부터 주어진 옵션을 모두 인지하고 사용하는 것은 아닙니다. 하나하나 순차적으로 이해하고 사용하는 경우가 많습니다. 그러면서 이미 구매한 제품과 서비스를 재발견하는 거죠. 재발견의 기쁨을 제공하며 고객에게 꾸준히 다가가는 방식입니다. 그러기 위해서는, 옵션을 주되 옵션의 로드맵을 디자인해야 합니다. 모든 옵션을 무분별하게 나열해 고객을 힘 빠지게 하지 말고, 옵션의 선택과 사용의 흐름을 감안하여 고안된 다양성을 제공해야 합니다. 제한적이지만 치밀하게 계산된 다양성입니다. 역시 쾌속의 베타입니다. '옵션을 주라(92쪽)'를 다시 한번 살펴보기 바랍니다.

2사분면에는 '집중적 고양concentrated enhancement'이 있습니다. 이 방법은 고객에게 집중된 노력으로 집중된 순간에 집중된 경험을 제공하는 것입니다. 강렬한 경험이어야 합니다. 고객이 특정 제품이나 서비스, 그리고 기업을 기억하는 이유는 특정 순간의 강렬한 경험 때문입니다. 이 짧은 시간의 경험이 상품과 기업에 대한 전반적인 인식을 지배합니다. 긴 시간 동안 말이죠. 예외적이며 예상치 못한, 특별한 경험을 제공합니다. 사람은 누구나 어느 정도는 '기분파'입니다. 고객의 고양된 기분은 상품의 장점을 들추고 단점을 뒤덮을 것입니다. 강렬한 경험을, 고양된 순간을 잊지 못하는 고객은 쉽사리 떠나지 않을 것입니다. '잊지 못할 순간을 제공하라 (154쪽)'는 중독의 베타 중 하나였습니다.

한편 '분산적 고양distributed enhancement'은 고객을 띄엄띄엄 기분 좋게 합니다. 강도는 낮더라도 강력한 경험이 아니더라도, 고객의 기분을 띄워주는 방안입니다. 간헐적으로나마 고객과 상호작용하는 방안을 고안해서, 고객이 존중받고 있다는 느낌을 받도록 힘써야 합니다. 지속의 베타, '고객과 의논하라(208쪽)'처럼 고객의 의견을 물으며 함께 가는 모습을 표방하는 거죠. 의견을 듣는 것과 의견을 들어주는 것은 다릅니다. 아, 명확하게 구분해서 말하자면, 의견을 묻는 것과 의견을 반영하는 것은 다르다는 뜻입니다. 그리고 또 한 가지, 의논하는 형식은 책임을 분산하기도 합니다. 암튼 '집중적 고양'과 '분산적 고양'은 상품의 기능적인 측면보다 고객의 정서적 측면에 더욱 집중합니다. 그래서 2사분면에 위치합니다.

3사분면은 기능적인 제공도 확실하지 않지만, 고객의 기분을 드높이는 정서적인 제공도 확연하지 않습니다. '절제'와 '조절'이니까요. 먼저 등장한 '절제적 호의restrained charity'의 의미는 말 그대로 호의를 절제하라는 것입니다. 호의는 좋은 마음으로 주는 것이죠. 고객에게, 상대에게 좋은 마음을 갖고 무언가를 베푼다는 것은 좋습니다. 하지만 비즈니스 관계는 받는 만큼 주고, 주는 만큼 받는 것이 맞겠죠. 그렇다면 뭔가를 받지 않고 그냥 주는 행위, 이는 합당하지 않습니다. 뜬금없는 호의는 오히려 고객에게 불필요한 기대감을 조성하고, 정작 고객이 필요할 때 제공하는 기능과 서비스의 가치를 하락시킵니다. 쾌속의 베타, '주지 마라, 원하지 않을 때는(97쪽)'에서 이점을 확실하게 짚었습니다. 원할 때 주기 위해서, 원하지 않을 때는 주지 말아야 합니다.

'조절적 호의controlled charity'는 더욱 정교한 '기대치 관리'를 말합니다. 기업은 애써서 고객을 만족시킵니다. 그러나 만족한 고객의 만족은 거기서 끝입니다. 그리고 그 만족은 그때부터 기준치가 됩니다. 그때부터는 기준치에 미달하면 만족이 아닌 불만이 되죠. 호의를 조절하지 못하면 고객의 기대치가 높아져만 가고, 어느 순간 기대할 것이 없다고 생각한 고객은 가차 없이 떠납니다. 기업이 애쓰는 데는 한계가 있습니다. 고객이 스스로 오게 하고 애쓰게 하려면 조절해야 합니다. '기대치 관리'를 해야 합니다. 중독의 베타, '한꺼번에 다 주지 마라(145쪽)'는 이러한 맥락입니다.

마지막 4사분면에서는 다시 기능적인 측면이 부각됩니다. 제품과 서비스에 적절한 기능을 설계하여 고객을 끌어오고 또 고객과의 관계를 끌고 가는 방안들입니다. 우선 '단속적 참여discrete engagement'는 고객의 관심과 참여가 끊어지지 않게 하는 것을 목표로 삼습니다. 끊어질 듯하면 관심 갖게 하고, 끊어질 만하면 참여하게 합니다. 게임 같은 콘텐츠 산업에서는 이미 대세이자 추세인 방식으로, '뭔가 계속 진행되게 하라(149쪽)', 중독의 베타에서 비교적 자세하게 설명했습니다. 다시 읽어보면 알겠지만, 이 경우의 핵심은 고객이 참여하지 않을 때도 뭔가가 계속 진행되게 해 고객이 다시 참여할 수밖에 없게 만드는 것이었습니다.

한편 '연속적 참여continuous engagement'는 아예 고객과의 관계의 끈을 놓지 않는 것을 지향합니다. 그럴 수만 있다면 수시로 기업과 상품을 떠올리게 합니다. 현실적으로 불가능하더라도 그러한 지향점을 설정하는 것만으로도 유효하리라 봅니다. 온라인 또는 오프라인, O2O 혹은 온오프믹스를 막론하고 어떻게 하면 고객의 언저리에 계속 머무를 수 있을까에 대한 고민을 견지해야 한다는 것이죠. 지속의 베타, '페어링하라(204쪽)'의 '페어링'이 단적으로 이런 사상을 대변하고 있습니다.

'피상적 다양'과 '제한적 다양', '집중적 고양'과 '분산적 고양', '절제적 호의'와 '조절적 호의', 그리고 '단속적 참여'와 '연속적 참여'입니다. 각각이 베타 전략의 주인공인 베타입니다. 쾌속·중독·지속으로 '끊임없고 끊김 없는 관계'를 이룩하고자 합니다. 물론 이들만은 아니겠지요. 더 많은 방법, 방편, 방안으로 베타는 성립될 수 있습니다, 같은 사분면에 위치하며 짝을 이루는 2개의 키워드들이 교묘하게 상반

된 성향을 지닌 것만 보아도, 베타는 충분히 다양한 방식과 형식으로 새롭게 고안될 것입니다.

그러니 곰곰이 생각해보아야 합니다. 과연 여러분의 기업에 맞는 베타, 활용 가능한 베타는 무엇일까요? 어떤 베타를 어떤 상황에서 어떤 제품과 서비스에 써먹을 수 있을까, 어떤 베타들의 조합이 효과를 극대화할까 등등, 이런 질문을 고민해야 합니다. 아쉽지만 그것은 독자 여러분의 문제입니다. 천차만별의 여러분 속에 유일무이한 당신의 문제이니 그렇습니다. 그러니 답을 줄 사람도 당신이고요. 혹여 마음에 드는 베타가 없다면 베타 프레임워크만 그리세요. 그리고 4개의 사분면을 오가면서 당신의 베타를 고안해내기를 바랍니다. 그것이 전략의 효용성이자 한계라고 하지 않았던가요.

꼼꼼히 앞의 내용을 살펴보았다면 알아챘을 것입니다. 앞의 3개의 '각성' 장에서 나온 9가지 베타 중에서 하나가 빠져 있습니다. 위의 그림에 8가지 베타가 있는데, 유독 하나가 빠져있죠. 지속의 베타를 표방한 '제3자를 끌어들여라(212쪽)'입니다. 심지어 지속의 베타, '제3자 베타'는 다른 베타에 비해 더 많은 지면을 차지했었죠. 그만큼 더 큰 비중으로 쓰임이 많은 베타니까요. 그래서 세분화했습니다. '보완재 베타', '다른 기업 베타', '다른 고객 베타', 그리고 '인플루언서 베타'로요. 이제 '제3자 베타'의 구조와 그들의 역학관계도 살펴보겠습니다.

아래 그림에서 세로 축 위에 '고객 능동적customer-active'이라 적혀 있습니다. 아래에는 '고객 수동적customer-passive'이고요. 고객의 관여나 반응의 수준이 능동적이냐 수동적이냐의 차이인데, 이는 앞의 베타 프레임워크의 세로 축인 '정서적 제공'과 사실상 크게 다르지 않습니다. 또 다른 표현 정도로 보면 됩니다. 가로 축에는 '기업 능동적company-active'과 '기업 수

베타 프레임워크와 제3자 베타

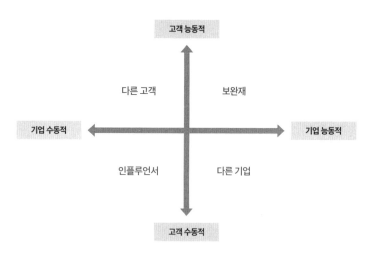

동적company-passive'입니다. 기업이 얼마나 직접적으로 관여하느냐의 차이이고, 마찬가지로 앞에 나온 '기능적 제공'의 다른 이름이라 보아도 무방합니다.

프레임워크의 사분면에는 베타가 하나씩 자리 잡고 있습니다. 제3자의 역할로 '쾌속·중독·지속'을 구가하는 것들이죠. 여기서 명심할 것은, 이들만이 아니라는 것입니다. 기업이 처한 다양한 상황과 환경에 적합한 다양한 베타가 가능합니다. 만일 새롭고 참신한 베타를 도출할 수 있다면, 그 자체로 하나의 전략이론의 탄생이라 할 수도 있겠죠. 이 4개의 제3자 베타만 봐도 각각에 대한 문헌과 자료를 충분히 찾아볼 수 있습니다. 여기서는 이들을 베타로 간주함과 동시에 하나의 틀, 베타 프레임워크로 싸잡아 넣을 수 있다는 것을 주목하기 바랍니다.

첫 번째로 '보완재complements, complmentary goods'가 눈에 띕니다. 보완재의 효용성은 익히 알고 있으리라 생각합니다. 클래식한 예로, CD를 사면 CD 플레이어를 사야 되고 CD 플레이어를 사면 CD도 사야 되니, CD와 CD 플레이어는 서로 보완재입니다. 요새 쉽사리 볼 수 없는 물건들이니 클래식한 예가 맞네요. 느끼한 음식을 파는 가게가 성업하면 그 옆에는 꼭 개운한 음료 가게가 들어옵니다. CD와 CD 플레이어가 상호 보완재라면, 음식점의 예는 일방 보완재군요. 하여튼 여러분 기업의 상품구매를 촉발시키는 제3자 베타가 무엇인지를 따져보아야 합니다.

그림에서 '보완재' 아래에 '다른 기업another company'이 있습니다. 이 베타가 최근에는 매우 '핫hot'합니다. 아, 요즘은 '힙hip'하다고 해야겠죠. 다른 기업의 제품과 서비스를 자사의 니즈에 맞게 이용하는 방식입니다. 플랫폼이나 생태계를 구성해 다른 기업과 일정한 협약을 맺고, 그것을 바탕으로 협력합니다. 한편, 전략적 제휴 없이 다른 기업을 제3자로 활용하는 방법도 있는데, 기업의 가치사슬이나 공급사슬 중에서 특정 부분에만 집중하고, 일정 부분은 다른 기업의 제품이나 서비스를 그대로 채용해 활용합니다. 쉬운 예로 게임회사가 다른 회사의 통신망을 이용하거나, 쇼핑몰이 다른 회사의 택배를 활용하는 식이죠. 무료로 이용하든 유료로 이용하든지 간에요. 마치 '다른 기업'을 자기 기업의 한 부서처럼 활용하는 것이죠. 이런 접근이 대세가 된 이유는 다름 아닌 초연결 사회가 되었기 때문입니다. 연결이 용이해졌고 연결의 룰이 세팅되었기 때문입니다.

'보완재'나 '다른 기업'은 모두 기업의 능동적인 전개로 성사되는 제3자입니다만 다른 점이 있습니다. '보완재'는 고객의 선택이 전제되어야 하나 '다른 기업'은 고객의 의향과 관계없이 기업이 차리는 '밥상'이므로, '보완재'는 '고객 능동적', '다른 기업'은 '고객 수동적' 칸에 위치하게 된 것이죠.

이제는 그림의 왼쪽을 살펴보겠습니다. 이제 기업은 수동적인 자세를 견지합니다. 수동적인 모습이지만 물밑작업만큼은 그 어느 때보다 적극적으로 하고 있음은 뻔하겠죠. 위쪽에 있는 '다른 고객another customer'은 고객을 제3자로 끌어들이는 작전입니다. 고객이 홍보해주고, 공동구매하게 하고, 고객이 고객을 소개하는 것처럼, 고객을 앞장세워 새로운 고객을 만드는 방안은 이미 흔한 일입니다. 좀 더 고단수의 작전은, 자사의 제품과 서비스라는 울타리 안에서 사용자들 간의 연결을 강화하는 형식입니다. 온라인상에서 고객 간의 커뮤니티를 지원하거나, 고객집단이 참여하는 이벤트를 개최하는 식으로 고객과 고객이 맞물리게 합니다. 서로 물리고 맞물릴수록 기업이 쳐놓은 울타리를 벗어나기는 어렵습니다.

아래쪽의 '인플루언서(market) influencer'가 꼭 고객인 것은 아닙니다. 오히려 고객인 것처럼 행세하는 제3자인 경우가 많겠지요. 그래서 '고객 수동적'으로 내려간 것입니다. 인터넷과 SNS가 소통의 창이 되고, 개인적·개별적 소통의 정보가 신뢰의 근간을 이루면서, '인플루언서'는 활개 치고 있습니다. 기업도 아니고 고객도 아니면서, 기실 기업이기도 하고 고객이기도 한 이 야릇한 존재가 엄청난 영향력을 행사합니다. 유튜브를 보고, 유튜브 스타를 보고, 유튜브 스타의 말을 믿고, 유튜브 스타를 따라 합니다. 우리는 보고 그들은 법니다. 고객은 그들을 믿고 기업은 그들을 믿습니다. 때론 얄미운 제3자이지만, 중요하고 중용되어야 할 베타라는 사실은 인정할 수밖에 없군요.

이래저래 8개 더하기 4개, 총 12가지의 베타를 나열하고 설명했습니다. 베타 프레임워크와 더불어 일괄하여 정리하다 보니 약간 장황한 느낌이 듭니다. 그래도 하나하나 모두 용도가 명확하고 충분히 활용 가능한 베타들입니다. 잘게 나누어 하나씩 곱씹어 보다 보면 분명 여러분 기업에 적당하고 적절하며 적합한 베타를 떠올릴 수 있을 것입니다.

이 대목에서 반드시 유념해야 할 것이 있습니다. 한 번 더 강조하겠습니다. 하나씩 나열하고 설명하며 개별 베타의 정의와 용도를 부각했지만, 베타 전략은 낱개의 베타가 아닌 여러 베타들이 합심하여 일구어내는 것입니다. 여러 형태의 베타를 활용해 '끊임없고 끊김 없는 관계'를 달성하는 것이 베타 전략의 궁극적인 목표라는 점을 절대 잊지 말아야 합니다.

　아, 저자로서 덧붙이고 싶은 한마디가 또 있네요. 비록 비즈니스 관계에 중점을 두며 베타 전략을 전개하고 있지만, 인간관계에도 다 적용되는 이야기라는 말입니다. 다 알고 있겠죠? 그래도 앞에서 이 장을 경영전략에 헌정한다고 했으니, 뒤에 나올 베타 전략의 완성도 비즈니스 관련 내용으로 한정해서 풀어가겠습니다.

베타 전략 프레임워크

　'전략의 완성'이라는 말 자체에는 모순이 있습니다. 여러 번 얘기했지만, 전략은 방향을 설정하고 가야 할 길을 보여주는 것에 불과합니다. 나침반이지 시간을 상세하게 알려주는 시계는 아니며, 이정표이지 출발과 멈춤을 구체적으로 알려주는 신호등은 아니라는 거죠. 그러한 맥락에서 전략에 '완성'이라는 말을 붙이면 어색합니다. 그러나 나침반과 이정표를 무엇보다도 우선하여 들여다보아야 한다는 당위성을 이해한다면, 상세하고 구체적인 실행지침까지 요구하는 부담의 멍에를 '전략'이라 부르는 무엇에게 씌우지는 않겠지요.

　오히려 근원으로 되돌아가 보려 합니다. 잠시 근본적인 개

넘으로 돌아가겠습니다. 그것이 나름으로 전략의 완성을 추구하는 올바른 방식이라 생각에서입니다. 결국 '3R'모델을 소개하게 되는군요.

'3R 모델'은 학자로서 제가 이전부터 주창하던 것입니다. 기업이든 조직이든, 혹은 사람이든 그 무엇이든 경영을 할 때는 3개의 'R'을 갖추고 정진해야 한다는 주장입니다. 첫 번째 'R'은 '자원Resource'입니다. 기업이라면 기업이 보유한 물적 자원과 인적 자원 등이 있겠죠. 기업을 경영하려면 당연히 우수한 자원을 확보하고 관련한 역량을 개발해야 합니다. 영어로 경영을 뜻하는 'management'의 원뜻이 그러하듯이,

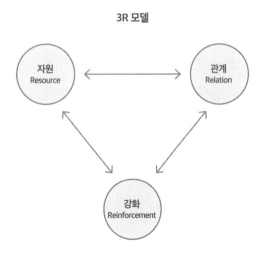

3R 모델

좁은 의미의 경영의 대상은 바로 기업 내부의 자원을 지칭합니다. 앞서 설명한 경영전략 이론의 '기업자원역량' 관점을 상징하는 'R'입니다.

두 번째 R은 '관계Relation'로 기업 외부의 이해관계자를 나타냅니다. 대표적으로 고객이 있지만, 함께 시장을 구성하는 경쟁기업, 협력업체도 있습니다. 때론 정부와 같이 제도를 만드는 관계자를 포함하기도 합니다. 이러한 관계자들과의 이해관계와 역학관계를 강조한 경영전략이론이 '기업경쟁구조' 관점이라고 앞서 언급했죠.

3R 모델의 차별점은 세 번째 'R'에 있습니다. '강화Reinforcement'입니다. '보강'이라는 뜻도 있죠. 대다수의 기존 경영전략이론은 '자원역량' 중심의 'Resource'나 '경쟁구조' 중심의 'Relation' 중 하나에 치우쳐 있습니다. 실제 현장에서 이론을 전개할 때는 이 둘의 조합이 응용되지만요. 하여튼 첫번째와 두 번째 'R'이 양대산맥처럼 대세가 된 이론들이죠. 그러나 양쪽에서 우두커니 상대를 바라보는 2개의 'R'은 무척 구태의연해 보입니다. 자기 자리에서 꿈쩍도 하지 않는, 요지부동한 모습으로 보이기도 하고요.

대표적인 2개의 'R', 즉 기업과 고객은, 그리고 그들의 관계는 그렇게 정태적이지 않습니다. 아니, 정태적일 수 없

3R 모델과 베타

습니다. 이 책에서 내내 강조했듯이 관계는 맺어지고 끊어지고, 깊어지다가도 얕아지고, 이런 관계였다가 저런 관계로 변하고, 계속 항상 변합니다. 그렇게 변하는 관계와 상황을 기본으로 가정하고, 유대를 강화하고 협력을 보강하는 행위가 바로 그 자체로 경영활동의 핵심이라는 생각에서, 'Reinforcement'가 들어간 것이죠. 변화의 양상을 파악하고 꾸준히 대응하는 이러한 강화와 보강의 노력이, 현실에서, 현장에서 경영자가 우선순위를 높게 책정하는 일들입니다. 최고경영자일수록 더욱 최우선으로 여기고, 최고의 기업일수록 더더욱 최우선으로 꼽는 일들입니다. 단지 그간의 전략이론에 눈에 띄게 명시되지 않았을 뿐이죠. 그 역할이 새로운 'R'의 몫이고, '3R 모델'의 몫인 셈입니다.

위의 그림을 보지 않아도, 이미 눈치 챘을 것입니다. 베타가 어떻게 잉태되었고, 어떤 사상에서 탄생했는지를요. '끊임없고 끊김 없는 관계'를 위해 이 땅에 태어난 베타, 베타의 출신성분은 'Reinforcement'였습니다. 'Resource'가 '관계 당사자'라면, 'Relation'은 '관계 대상자'입니다. 이 둘을 '끊끊한 관계'로 만들어주는 베타는 '관계 강화자'겠죠. 베타는 'Reinforcement'의 화신입니다.

베타의 뿌리를 알았으니, 이제 다시 베타 전략으로 돌아가겠습니다. '베타 전략 프레임워크'를 소개합니다. 앞의 '베타 프레임워크'는 베타의 특성을 구분하고, 또 새로운 베타를 생성하는 데 도움을 주려는 용도였습니다. 반면 '베타 전략 프레임워크'는 주어진 베타를 실행하여 어떻게 쾌속·중독·지속을 이루고, 이를 위해 어떠한 준비를 해야 하는지에 대한 것입니다. 베타를 활용한 전략적 목표를 구체화하고, 목표를 달성하기 위한 소요를 파악하며, 소요로 기대되는 결과를 명시하는 것입니다. 오른쪽 그림을 살펴보겠습니다.

주인공답게 베타는 한가운데에 위치합니다. 지금까지 나왔던 12가지 베타 중 하나를 적어 넣습니다. 그러나 할 수 있다면 여러 개의 베타를 동시에 집어넣으세요. 그 이유는 이렇습니다. 쾌속, 중독, 지속을 따로 나누어서 설명했지만, 그림에도 '쾌속 방안', '중독 방안', '지속 방안'이 나누어져 있

베타 전략 프레임워크

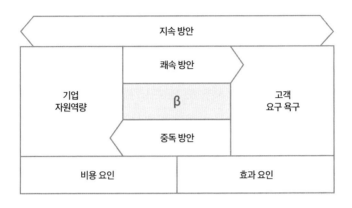

지만, 바람직한 것은 기업과 고객 사이에 다수의 베타가 존재하여 다양한 방식으로 쾌속·중독·지속을 동시다발적으로 이뤄내는 것입니다.

　예컨대, 첫째로 등장했던 '피상적 다양 베타'를 'β' 칸에 적고, '쾌속 방안'에 '새로움을 포장하라'고 쓰면서 '상품의 모듈설계 및 플랫폼식 조합생산' 혹은 '상품의 교체주기 단축, 진열 방식 변화, 초기화면 시리즈 기획, 핵심 이벤트 재설계' 등을 적어놓습니다. 그것만으로도 쓰임이 있겠죠. 그렇지만 왠지 허전하지 않을까요? '중독 방안', '지속 방안'은 텅 비어 있으니 뭔가 부족하게 느껴지지 않을까요? 그 부족함과 허전함을 채우기 위해서라도 한 번 더 중독과 지속의 방안을 고민하지 않을까요? 그러한 베타를 따져보지 않을까요?

사실 베타 전략 프레임워크의 가치는 이런 면에 내재합니다. 칸을 만들고 칸들의 위치를 잡아 틀을 만듭니다. 틀을 한눈에 조망해 빈칸을 채우고, 채워진 칸을 보면서 틀을 다시봅니다. 전체의 맥락과 부분의 비중을 동시에 보면서, 다시채우고, 조망하고…. 이렇게 베타 전략 프레임워크를 활용하면서 가급적 쾌속·중독·지속을 동시에 추구하고, 그러면서베타 전략을 만들어가는 것이죠.

이왕 베타 전략의 '부분과 전체'를 언급한 김에, 베타 전략의 일부분과 비견될 만한 이슈를 하나 얘기하고 넘어가겠습니다. '애자일agile 경영'이라고 들어보았을 것입니다. 최근 기업들이 앞을 다투며 표방하는 화두입니다. 빠르게 변화하는트렌드를 대처하기 위하여 '날렵한', '민첩한'이란 뜻의 '애자일'을 전면으로 내세우는 경영방식으로, 주로 조직구성과업무방식에 역점을 두고 있죠. 그래서 그런지 포괄적인 경영전략이라기보다는 조직문화 관점에서 접근하고 있습니다.

그러나 '애자일 경영'은 소프트웨어 개발 방법론인 '애자일 방법론'에서 유래했습니다. 일련의 프로젝트 계획을 단계별로 차근차근 답습하지 말고, 좀 더 빨리 개발을 진행하여 산출물을 일단 내놓고, 피드백에 따라 최종 결과물을 완성하고자 하는 방법론이죠. 이렇게 변화에 민첩하게 대응하는 방식이 경영 전반으로 확대 해석된 것이 애자일 경영입니다. 취지로만 놓고 보면, 이전의 '유연생산시스템flexible manufacturing system' 같은 생산방식 설계나 '프로세스 리엔지니어링'과 같은 업무방식 설계와 맥을 같이합니다. 여기에 고객의 피드백을 강조하는 애자일 방법론의 사상이 더해진 것이 애자일 경영이라 볼 수 있습니다.

'애자일 경영'은 '쾌속'과 견줄 만합니다. 비록 애자일 조직문화 발현에 주안하고 있고, 소프트웨어 개발방식에 국한된 구체성을 갖추고 있습니다만, 날렵하게 변화에 대응하자는 취지와 민첩하게 고객을 응대하자는 사상은 베타의 '쾌속' 전략과 궤를 같이한다고 볼 수 있습니다. 그러나 애자일 경영의 확산은 더딥니다. 멋진 기치만큼의 기대에 못 미치는 이유는, 아마도 방금 전에 엄습했던 부족함과 허전함 때문이 아닐까요? 고객에게 날렵하게 다가서고, 시장에 민첩하게 다가가는 것으로 끝이 아니라, 꾸준하게 '끊끊하게' 이어가는 방안도 있어야 하는데, 그 부분이 결여되어서 그렇다고 생각합니다. 그러한 의미에서 전체의 맥락과 부분의 비중을 동시에 펼쳐주는 베타 전략 프레임워크의 효용을 알아주길 바라는 마음도 조금은 있습니다.

그림을 보면, 아래에는 '비용 요인'과 '효과 요인'이 있습니다. 모든 일은 비용과 효과를 분석해야 하니 중요하긴 하지만 다소 상투적인 항목이죠. 평소에 하던 대로 비용과 효과 요인들을 나열해보면 됩니다. 오히려 집중해야 할 것은 다음입니다. 'β'의 왼편에 '기업자원역량'이, 오른편에 '고객요구·욕구'가 있습니다. 이 책 전체에서 내내 양편에 자리 잡은 것은 기업과 고객입니다. 대표적인 비즈니스 관계이지요. 먼저 고객부터 얘기하자면, 고객은 단순한 고객만은 아닙니다. 베타 전략 프레임워크를 주목하고 주로 활용하는 이는 전략의 입안자 또는 의사결정자, 경영자겠죠. 그들에게 고객은 더 많습니다. 흔히 기업의 6대 이해관계자를 주주, 경영자, 직원, 협력업체, 정부, 고객이라고 하는데, 여기서 경영자 자신을 빼더라도 '고객요구·욕구' 칸에 기입할 수 있는 넓은 관점의 고객은 5가지나 더 있습니다. 직원을 '내부 고객'이라고도 하잖아요. 어쨌든 '끊끊한' 관계를 도모해야 하는 대상의 요구와 욕구를 세세히 적어보는 칸입니다.

'기업자원역량' 칸은 세세히 적기에는 공간이 모자라 보입니다. 베타의 목표 설정에 따른 경영자원의 분배와 기업역량의 편성을 정리해야 하는 공간이니까요. 기업이 경영하는 자원과 역량은 다양합니다. 이들을 분배하고 편성하는 일이 전략계획이고 곧 경영전략이라고도 부를 수 있겠습니다. 덩그러니 비워진 하나의 공간에 담을 수 있는 내용이 아니지요. 좀 더 상세한 계획과 지침, 도식과 설명은 축약하는 것이 좋을 듯합니다. 개별 기업의 업종과 규모, 상황과 여건, 우선순위에 따라 천차만별, 천양지차일 테니, 여기에 담으려 하는 것도 합당치 않고요. 대신, 기업이 보유한 자원과 역량을 일목요연하게 펼쳐볼 수 있는 아래 그림을 선사하겠습니다. 기업의 개별 역량을 인간의 신체 능력과 비유한 점이 신선합니다. 베타 전략 프레임워크로 베타 전략을 수립할 때 참고가 되길 바랍니다.

기업자원역량과 신체능력

기초능력		대사능력		반응능력	
뇌	기획 역량	순환계	재무 역량	청각	마케팅 역량
뼈	인적 역량	소화계	R&D 역량	운동능력	상생 역량
근육	프로세스 역량	신경계	정보시스템 역량	시력	신사업 역량

타깃 고객을 정의하고, 그 고객과의 끊임없고 끊김 없는 관계를 만들고 유지하기 위한 베타를 선정하고, 선정된 베타를 실행하는 것을 목표로 상정합니다. 그리고 목표에 도달하기 위한 기업의 자원과 역량을 조직화합니다. 기획 역량으로 시작하여 인적 역량과 재무 역량 그리고 R&D 역량을 동원하고 프로세스 역량과 정보시스템 역량으로 구현해, 마케팅 역량으로 발현합니다. 상식적인 흐름이죠. 여기에 덧붙여 기업 생태계, 플랫폼 경영, 공유경제가 강조되는 시국이니 파트너나 협력업체와의 상생 역량을 포함시켜야 합니다. 그리고 눈에 띄게 마지막으로 추가한 것이 신사업 역량입니다.

신사업 역량은 일반적으로 기업의 역량을 거명할 때 포함되지 않는 역량입니다. 신사업도 결국은 사업이니, 기존 사업과 마찬가지로 다른 기업 역량을 집결해서 이루어야 할 무엇입니다. 역량의 용도지 역량 자체는 아니라는 것이죠. 그렇지만 작금의 기업의 성패는 이 신사업 역량에 달려 있다고 해도 과언이 아닙니다. 엄청난 기술발전과, 기술발전으로 인한 경영환경의 변화로 인해, 기존의 질서는 무너지고 먹거리도 고갈됩니다. 새로운 수익을 도모하는 신사업의 추진과 정착에 사활을 걸 수밖에 없습니다.

그러나 확실히 알고 있습니다. 다년간 다수의 기업을 지켜

보고 훈수 두는 전문가 입장에서 공언합니다. 아무나 신사업을 도모할 수 있고, 아무나 결실을 향유할 수 있는 건 아닌 것 같습니다. 나름의 자격과 자질이 있어야 합니다. 그래서 '신사업 역량'을 굳이 여기에 부가했습니다. 세상과 세상의 변화를 보는 눈, 시력이지요. 그렇다면 어떤 눈, 어떤 시력을 가져야 할까요? 과연 어떠한 인식을 갖고, 어떠한 세계관을 갖추어야 할까요? 이에 대한 답은 마지막 장에서 얘기해보겠습니다. 마지막 장이니 홀가분하게, 가벼운 마음으로 읽어보기 바랍니다.

베타 전략 가이드라인

아직 아닙니다. 다음 내용으로 넘어가기 전에, 가벼운(?) 이야기를 하기 전에 가볍지 않은 내용을 한 가지 더하겠습니다. 베타 전략 실행을 진지하게 고민하는 독자를 위해서입니다. 이번에는 끈을 한 번 매어보려고 합니다. 끈을 끼우면서 끈을 맵니다. 끼우고 매면서 끈으로 잇는 것들은 질문입니다. 차례로 이어지는 질문들입니다. 그간에 힘주어 강조했던 내용을 함축한 질문들이죠. 마무리하는 마당에 무슨 질문이냐고 불평하겠지만, 질문이자 가이드라고 보면 마음이 달라질 것입니다, 그림으로 그려놓았으니 보면서, 이왕이면 소리 내어 읽어보기 바랍니다. 스스로에게 물어보기 바랍니다. 답을 생각해보면서 하나씩 이어보기를 바랍니다. 하나둘씩 끈을 끼워 매기 바랍니다.

　다음 페이지의 그림에서 눈여겨볼 것은, 오른쪽 질문은 고객의 입장이고 왼쪽은 기업의 입장이라는 것입니다. 고객의 입장으로 질문하고 답해보고 이어서 여러분 기업의 입장으로 질문하고 따져봅니다. 연이어지는 고객의 입장, 기업의 입장, 다시 고객의 관점, 기업의 관점으로 내려가고 있습니다. 이렇게 번갈아 기업과 고객의 입장이 되어 질문을 주고받아 봅니다. 기업과 고객의 관점을 넘나들며 기업과 고객 사이에서 부지런히 왔다 갔다 합니다. 왔다 갔다 하며 끈을 끼우고 끈을 매고 있습니다. 부지런히 왔다 갔다 하니 '베타'네요. '베타'라는 끈이라 할 수 있습니다.

　'베타 끈 매기'는 거창하게도 '세상은 무엇을 기다리는가?'로 시작합니다. 세상은 무슨 상품을 기다리고 있는가를 물어봅니다. 고객이 어떤 제품과 서비스를 바라는지 생각하자는 것이죠. 거창해 보이지만 사실 너무나도 당연한 시작점입니다. 얼추 답을 떠올렸다면 바로 다음 '우리는 어떻게 그 무엇을 할 수 있는가?'를 고민합니다. 기업 내부의 자원과 역량을 고려하고 기업 외부의 경쟁과 구조를 고민하며 방안을 강구합니다. 다소 상식적인 흐름입니다. 상식적이니 기존 전

베타 끈 매기—미래의 끈

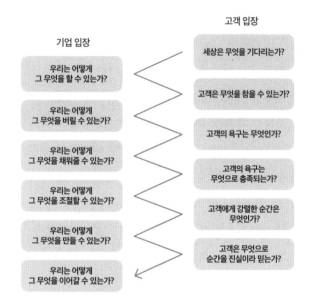

기업 입장

- 우리는 어떻게 그 무엇을 할 수 있는가?
- 우리는 어떻게 그 무엇을 버릴 수 있는가?
- 우리는 어떻게 그 무엇을 채워줄 수 있는가?
- 우리는 어떻게 그 무엇을 조절할 수 있는가?
- 우리는 어떻게 그 무엇을 만들 수 있는가?
- 우리는 어떻게 그 무엇을 이어갈 수 있는가?

고객 입장

- 세상은 무엇을 기다리는가?
- 고객은 무엇을 참을 수 있는가?
- 고객의 욕구는 무엇인가?
- 고객의 욕구는 무엇으로 충족되는가?
- 고객에게 강렬한 순간은 무엇인가?
- 고객은 무엇으로 순간을 진실이라 믿는가?

략이론의 도움을 받을 수 있겠죠.

그런데 그다음 질문이 의외일 겁니다. '고객은 무엇을 참을 수 있는가?' 세상과 고객이 바라고 기다리는 상품을 만들고자 합니다. 제품의 스펙과 기능을 설계하고, 서비스의 방식과 프로세스를 디자인합니다. 바로 그때 물어야 할 질문입니다. 없어도 고객이 크게 문제 삼지 않을 기능, 없어도 고객이 참을 수 있는 프로세스가 무엇인지를 솎아내라는 주문입니다. 왜 그래야 하는지, 왜 완벽한 기능과 프로세스를 잊어야 하는지, 그리해서 왜 세상과 고객을 기다리지 않게 하고 빠르게 다가가야 하는지 재차 설명할 필요는 없겠죠?

속아냈다면 버려야 합니다. '우리는 어떻게 그 무엇을 버릴 수 있는가?'에 답하면서 버려야 합니다. 이 질문 또한 쉽지 않습니다. 버리는 것이 단순히 제품의 기능이나 서비스의 프로세스만이 아니기 때문이죠. 버려야 할 기능과 프로세스를 만드는 조직, 업무, 생산설비와 생산자원 등도 버려야 하거나 재편해야 합니다. 반발도 예상되는, 쉽지 않은 문제입니다.

눈치 챘을 거라 기대합니다. 지금까지 나온 4개의 질문은 '쾌속'을 추구하는 대표적인 질문이었습니다. 다음 4개는 '중독'에 대한 것이고요. 고객의 욕구가 무엇인지를 물어보고, 우리는 그 무엇을 어떻게 채워줄지 물어보았습니다. 고객의 욕구는 무엇으로 충족되는지를 따져보고, 우리는 그 무엇을 어떻게 조절하는지 따져보라고 했습니다. 고객이 충족되지 않게 해 중독되게, 그래서 자발적으로 다가오게 하자는 취지이죠.

그다음 4개는 '지속'을 위한 질문들입니다. 고객에게 강렬한 순간을 묻고, 우리는 그것을 만들자 합니다. 고객은 무엇으로 그 순간을 기억하고 지탱하는지 알고자 하고, 그것을 우리는 이어가자 했습니다. 그에 해당하는 질문들입니다. 질문에 답하고 생각하며, 베타라는 끈으로 기업과 고객을 잇습니다. 그러면서 베타 전략을 진행하길 바랍니다. 세세하고 상세한 지침은 아니지만, 대략의 방향과 개략적인 골조를 보여주는 충실한 가이드로 활용할 수 있습니다. 가이드를 하는 끈, 즉 '라인'이니 '가이드라인'이라 해도 좋겠습니다. 이런 식의 '베타 끈 매기'를 '베타 전략 가이드라인'이라 부르겠습니다.

그런데 베타 전략 가이드라인은 여기서 다가 아닙니다. 그림의 제목을 보아도 뭔가 더 있을 듯하죠. '미래의 끈'이라 했군요. 베타와 베타 전략을 활용해서 이루고픈 '미래의 모습To-Be'을 위한 끈 매기라서 붙인 명칭입니다. 그렇다면 '현재의 모습As-Is'도 있지 않을까요? 그렇습니다. '현재의 끈'도 있습니다. 다음에 나오는 새로운 그림을 보세요. 얼핏 보면 앞의 그림과 유사합니다. 하지만 매우 다릅니다.

일단 시작부터 다른데, 이번에는 왼쪽인 기업 관점에서 질문이 시작됩니다. '우리는 무엇을 제공하는가?', 우리가 제공하는 제품이나 서비스가 무엇인가 혹은 궁극적으로 제공하고자 하는 가치가 무엇인가를 묻는 질문입니다. 어렵지 않

베타 끈 매기-현재의 끈

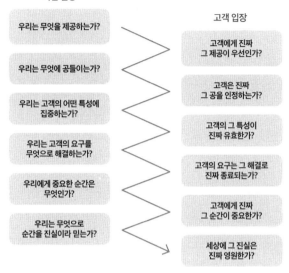

기업 입장

고객 입장

우리는 무엇을 제공하는가?

고객에게 진짜
그 제공이 우선인가?

우리는 무엇에 공들이는가?

고객은 진짜
그 공을 인정하는가?

우리는 고객의 어떤 특성에
집중하는가?

고객의 그 특성이
진짜 유효한가?

우리는 고객의 요구를
무엇으로 해결하는가?

고객의 요구는 그 해결로
진짜 종료되는가?

우리에게 중요한 순간은
무엇인가?

고객에게 진짜
그 순간이 중요한가?

우리는 무엇으로
순간을 진실이라 믿는가?

세상에 그 진실은
진짜 영원한가?

게 답할 수 있겠죠. 이제 고객의 입장에서 생각해봅니다. '고객에게 진짜 그 제공이 우선인가?' 이 질문도 중의적입니다. 우리 기업의 상품이 다른 기업의 그것보다 고객에게 우선인가의 뜻도 있고, 우리의 제품과 서비스가 주는 가치가 고객에게 우선적으로 중요한가의 뜻도 있습니다. 이렇듯 점점 더진지하게 만드는 질문들이 나오죠. 총 12개입니다. 이것 역시 기업과 고객의 입장을 왔다 갔다 하며 질문하고 점검합니다. '쾌속', '중독', '지속'에 관해 각각 4개의 질문들이 나옵니다. 일일이 설명하지 않겠습니다. 단지 왜 고객 측 질문에 모두 '진짜'(요샛말로 '찐')를 넣었는지 곱씹어보기 바랍니다.

그래도 앞에 나온 12개의 질문들보다는 비교적 수월하게 읽고 답할 수 있으리라 생각합니다. 현재의 상황, 현재 여러분의 기업이 하고 있는 일들에 대한 것들이니까요. 한편으로는, 우리 기업 관점으로 시작해서 고객 관점으로 가는 질문들이니 흐름이 자연스럽습니다. 이전 그림에서는 우리가 아닌 상대 고객의 관점에서 시작했으니 부자연스러웠을 수도 있습니다. 우리 식으로 생각하는 것이 얼마나 익숙한지, 상대의 입장으로 생각하는 것이 얼마나 어색한지 거듭 느끼게 됩니다. 고객을 존중한다면, 상대를 위한다면 곰곰이 생각해볼 문제지요. 암튼 이 흐름을, 이 끈을 '현재의 끈'이라 명명하겠습니다.

이제 두 끈을 같이 매어보도록 하겠습니다. 끼워서 끈을 제대로 매자면 끈이 2개 있어야 하죠. 끼운 두 끈을 묶는 것으로 끈 매기는 완성됩니다. 자, 앞의 두 그림을 합쳐보겠습니다. 앞에서도 정신없었는데, 앞의 질문들도 녹록치 않았는데 둘을 합친다고요? 네, 그래야 합니다. 다 계획이 있어 그렇습니다. 알아보기가 쉽지 않겠지만 합쳐진 그림을 잘 살펴

베타 끊 매기

기업 입장	고객 입장
우리는 무엇을 제공하는가?	세상은 무엇을 기다리는가?
우리는 어떻게 그 무엇을 할 수 있는가?	고객에게 진짜 그 제공이 우선인가?
우리는 무엇에 공들이는가?	고객은 무엇을 참을 수 있는가?
우리는 어떻게 그 무엇을 버릴 수 있는가?	고객은 진짜 그 공을 인정하는가?
우리는 고객의 어떤 특성에 집중하는가?	고객의 욕구는 무엇인가?
우리는 어떻게 그 무엇을 채워줄 수 있는가?	고객의 그 특성이 진짜 유효한가?
우리는 고객의 요구를 무엇으로 해결하는가?	고객의 욕구는 무엇으로 충족되는가?
우리는 어떻게 그 무엇을 조절할 수 있는가?	고객의 요구는 그 해결로 진짜 종료되는가?
우리에게 중요한 순간은 무엇인가?	고객에게 강렬한 순간은 무엇인가?
우리는 어떻게 그 무엇을 만들 수 있는가?	고객에게 진짜 그 순간이 중요한가?
우리는 무엇으로 순간을 진실이라 믿는가?	고객은 무엇으로 순간을 진실이라 믿는가?
우리는 어떻게 그 무엇을 이어갈 수 있는가?	세상에 그 진실은 진짜 영원한가?

보기 바랍니다. 번잡하기는 해도 이미 각각의 끈을 섭렵했으니 어렵지 않게 두 끈의 흐름이 보일 것입니다. 서로 엮이고 꼬여 있어도 각자의 흐름대로 흐르고 있는 것을 말입니다.

왠지 운동화 끈이 연상되지 않나요? 운동화를 신을 때 이렇게 끈을 매지 않나요? 양쪽으로 난 여러 개의 구멍들에 차례차례 끈을 끼워서 양쪽을 붙들어 맵니다. 양편을 가깝게 하는 끈을 활용해 기다리지 않게, 충족되지 않게, 순간 되지 않게, 쾌속·중독·지속을 이루고자 합니다. '끊임없고 끊김 없는 관계', '끊끊한 관계'를 만들어주는 끈입니다. '베타'라는 이름의 끈입니다. '베타 끈 매기', 아니 '베타 끊 매기'라고 부르겠습니다. 꼭 기억하기 바랍니다. 우리의 기업과 고객은, 당신과 당신의 그대는 한 번 맺고 끊어지는 사이가 아닙니다. 하나하나 끈을 끼우며 매며 '끊끊하게' 이어가야 할 관계입니다. '끊 매기' 해야 할 관계입니다.

애써 복잡한 그림을 그려본 이유, 2개의 베타 끈, '미래의 끈'과 '현재의 끈'을 겹쳐서 보이게 한 이유가 궁금하지 않나요? 일반적으로 전략을 수립하는 '전략계획strategy planning'에 단골로 등장하는 전개는, '현재 모습As-Is ⇒ 미래 모습To-Be ⇒ 차이 분석Gap Analysis'입니다. 되어 있는 현재와 되고자 하는 미래를 비교하고, 그 차이를 분석해 간극을 하나씩 메위가는 방식으로 계획을 수립하는 것이죠. 그러기 위해서는 '현재 모습'과 '미래 모습'이 극명하게 대비되어야 합니다. 그래서 두 끈을 겹쳐 놓아본 것입니다.

의도를 밝혔으니 의도에 맞게 그림을 그려봅니다. 다음 페이지의 그림은 '베타 끈 매기'를 표 형식으로 바꾼 것입니다. 정말 마지막 그림이니 집중의 끈을 놓지 마세요.

현재와 미래의 끈을 겹쳐 현재의 모습과 미래의 모습을 대비하고자 했는데, 정작 눈에 확 띄는 게 따로 있습니다. 바로 입장의 차이입니다. 기업의 생각과 고객의 생각, 기업의 관점과 고객의 관점 차이입니다. 기업의 입장에서는 '우리는 무엇을 제공하는가?'이지만, 고객의 입장에서는 '세상은 무엇을 기다리는가?'입니다. 왼쪽 문장은 모두 '우리(기업)'로 시작하지만, 오른쪽은 '세상(고객)'으로 시작합니다. 베타가 끈 끈 하게 붙들어 매고 싶은 관계입니다만 기업과 고객의 입장 차이는 확연합니다.

기업은 '우리는 무엇에 공들이는가?'에 집중하는데, '고객은 무엇을 참을 수 있는가?'라뇨? 완벽하려 하는 기업과 기다리고 싶지 않은 고객의 관건은 다릅니다. 기업이 초점을 맞추는 고객의 특성과 고객의 욕구는 충분히 다를 수 있습니다. 기업은 고객의 '요구를 해결'하려 하지만 고객의 '욕구를

베타의 각성과 완성

	기업 입장	고객 입장	
완벽한 기업	우리는 무엇을 제공하는가?	세상은 무엇을 기다리는가?	**기다리지 않게 함 "쾌속"**
	우리는 어떻게 그 무엇을 할 수 있는가?	고객에게 진짜 그 제공이 우선인가?	
	우리는 무엇에 공들이는가?	고객은 무엇을 참을 수 있는가?	
	우리는 어떻게 그 무엇을 버릴 수 있는가?	고객은 진짜 그 공을 인정하는가?	
훌륭한 고객	우리는 고객의 어떤 특성에 집중하는가?	고객의 욕구는 무엇인가?	**충족되지 않게 함 "중독"**
	우리는 어떻게 그 무엇을 채워줄 수 있는가?	고객의 그 특성이 진짜 유효한가?	
	우리는 고객의 요구를 무엇으로 해결하는가?	고객의 욕구는 무엇으로 충족되는가?	
	우리는 어떻게 그 무엇을 조절할 수 있는가?	고객의 요구는 그 해결로 진짜 종료되는가?	
순간의 진실	우리에게 중요한 순간은 무엇인가?	고객에게 강렬한 순간은 무엇인가?	**순간 되지 않게 함 "지속"**
	우리는 어떻게 그 무엇을 만들 수 있는가?	고객에게 진짜 그 순간이 중요한가?	
	우리는 무엇으로 순간을 진실이라 믿는가?	고객은 무엇으로 순간을 진실이라 믿는가?	
	우리는 어떻게 그 무엇을 이어갈 수 있는가?	세상에 그 진실은 진짜 영원한가?	

베타의 각성	베타의 완성

충족'하는 쪽으로 전환하라고 그림은 넌지시 권하고 있습니다. 그것도 완벽하게 해결하지 말고 조절해가면서 하라고 말이죠. 훌륭한 고객을 절대 전제하지 말라고 하면서요.

기업에게 중요한 순간과 고객에게 강렬한 순간은 철저히 다릅니다. 기업은 고객에게 판매한 순간이 중요하겠죠. 그러나 고객은 아닙니다. 연구개발에 성공하고, 공장을 확장하고, 투자를 유치하고…, 이런 것들은 다 기업에게만 중요한 순간입니다. 고객에게는 무슨 의미가 있을까요? 그 순간을 진정한 진실로 받아들이고, 그 순간의 진실을 영원으로 이어가고자 하는 바람과 방안에도 엄청난 차이와 엄연한 괴리가 있습니다. 그 차이와 괴리를 메우자고, 그 갈라진 틈새를 채우자고 지금까지 '베타'니 '베타 전략'이니 운운한 것 아니겠습니까?

그렇습니다. 고객의 관점에 집중하여 미래를 도모해야 합니다. 우리가 '선진기업 따라잡기'를 할 때는, '패스트 팔로워fast follower' 전략을 펼칠 때는, 선진기업과 선진기업의 선진제품과 선진서비스에만 집중하면 되었습니다. 만일 그렇게 해서 선진기업이 되었다면 '퍼스트 무버first mover'로서 이제는 무엇에 집중해야 하나요? 당연히 고객이겠죠. 새로운 세상, 새롭게 열리는 시장에서 기업을 경영하고 사업을 펼치려면 무엇에 집중해야 하나요? 당연히 고객의 입장이겠죠. 그러니 고객의 입장을 '미래의 모습'이라 그려도 무방할 것입니다. 이 방식으로 현재의 모습과 미래의 모습을 대비해도 별로 무리가 없을 것입니다. 한 끈 한 끈, 한 칸 한 칸 매면서, 엇갈리는 끈과 엇갈리는 입장을 따져보세요. 각성하고 완성하며 미래를 도모해보세요. 베타와 함께 말입니다.

문득 드라마에서 본 장면이 떠오릅니다. 누군가 나의 풀어진 운동화 끈을 매어준다면, 내 앞에 무릎 꿇고 앉아 정성스럽게 하나둘씩 끼우면서 끈을 매어준다면, 감동받지 않을 수 없겠지요. 비록 순간의 진실이라도 감동의 순간이겠지요. 하지만 그런 순간은 순간일 뿐입니다. 잊으세요. 완벽함을 잊고, 훌륭함도 잊으세요. 다 잊고 스스로 운동화 끈을 질끈 매고 달려야 합니다. 이 엄혹하고 냉정한 세상을, 현실의 바람을 가르고 달려야 합니다. 베타가 단단히 매어준 운동화를 신고 달립니다. 파이팅입니다.

변화를 어떻게 좇을지를 아는 능력

　세상은 A를 좋아합니다. A급, A학점, 에이스…. 카드도 에이스, 야구도 에이스가 최고입니다. 최고와 일류도 모두 A를 뜻합니다. 세상이 B를 좋아하지는 않는 것 같습니다. 피와 섹스가 난무하는 영화를 B급이라 하고, 그런 영화를 좋아하는 이들을 저급하다 하고, B학점은 B급이라 하고, 그런 학점을 받은 사람들을 이류라 합니다. A와 B, A급과 B급, 일류와 이류를 나눕니다. 누군가에 의해 만들어진 기준으로 구분합니다. 그 누군가가 주도해서 만들어낸, 다수가 인정하고 존중하는 기준입니다. 누구일까요? 과연 어떤 사람들이 그러한 기준을 정했을까요? 모르긴 몰라도 확실한 것은 이겁니다. 그들은 그들이 살아온 세상에서 A급으로, 에이스로 대접받고 군림한 사람들이겠죠. 그러니 그러한 기준을 만들었을 테고, 그 기준이 세상에서 널리 통용되게 했을 테죠.

과연 누구일까요? 하지만 출발은 세상입니다. 누군가가 누구인지를 따지기 전에 누군가를 에워싼 세상부터 따져보아야 합니다. 이유는 이렇습니다. 어떤 시대, 어떤 세상에서는 어떤 사람이, 어떤 성향과 특질을 가진 사람이 최고이고 에이스입니다. 태평 시대에는 문관이, 전쟁 시대에는 무관이 에이스이고, 세상이 그 세상에 걸맞은 사람을 일류라 일컫고 본받고 배워야 할 자들이라 치켜세워줍니다. 그러면 그들은 자신들을 적절히 나타내고 표현하는 기준을 만듭니다. 때론 자신들의 위치를 확고히 방어하는 기준을 만들어냅니다. 그렇습니다. 세상이 사람을, 사람이 기준을, 다시 기준이 B급을, 결국은 세상이 B급과 저급, 이류와 아류를 만든 셈이지요. 결국은 세상입니다.

그렇지만 만일 세상이 그때와 다르다면 어쩌죠? 모든 것을 정해준 그 세상이, 그것도 엄청나게 바뀌었고 또 바뀌고 있다면 어찌하죠? 앞으로도 엄청나게 바뀌고 미친 듯이 변할 텐데, 지금까지의 기준은 어찌 되고 지금까지의 기준으로 괄시받은 B들은 어찌 될까요?

하드웨어보다는 소프트웨어가 세상을 움직입니다. 그 소프트웨어가 기계와 로봇을 움직이죠. 소프트웨어보다는 데이터가 작동하는 세상입니다. 그 데이터가 기기와 인공지능을 작동시키죠. 눈에 보이는 물질, 건물과 공장, 하드웨어와 제조물이 아니라, 눈에 보이지 않는 것들, 소프트웨어와 데이터가 더욱 값진 세상이 되었습니다. 하드웨어 살 때 소프트웨어를 그냥 끼워주고, 데이터를 마냥 흘려보낸 시절이 엊그제 같은데 말이죠.

지금 세상을 휘두르는 권력자들의 대다수는 1950년대 생입니다. 그들이 태어날 무렵 세계의 기대 수명은 어느 정도였을까요? 50세? 60세? 혹 서른 몇 살이라면 믿겠습니까? 40세가 안 되는 기대 수명을 뚫고 살아남아 세계 곳곳을 주무르고 있는 것이죠. 참고로 스페인 독감이 창궐한 1918년 인류의 기대 수명은 23세였습니다.

지금은요? 지금 한국인은, 지금 한국의 권력자 세대에 비해 기대 수명이 2배를 뛰어넘었습니다. 그렇다면 앞으로는 어떨까요? 100세 시대는 이미 흔한 용어이고, 초인공지능과 나노로봇이 등장하는(혹은 등장하리라 예상되는) 30년 후에는, 인간은 심지어 영생할 수 있다고 합니다. 이 글을 읽고 있는 여러분의 생애 어느 순간의 일입니다. 그 순간부터는, 순간이 영원이 됩니다. 하지만 이런 주장도 있네요. 그 순간이 되면, 가정하고 싶진 않지만, 공상과학 영화에 나오는 시나리오처럼, 인류는 멸종할 수도 있다고요.

삶을 마감하는 수명을 따지자면 출생도 따져야 합니다. 어릴 적에 수없이 들었습니다. '둘만 낳아 잘 키우자.' 이제는 '둘 좀 낳아 잘 키우자'입니다. 세계적으로는 저개발국가를 다 포함해도 90% 가정의 평균 구성원 수가 4인입니다. 둘만 낳은 것이죠. 좀 더 현실적으로 접근해볼까요? 2018년 우리나라의 합계출산율, 즉 가임여성 1명당 출산율은 0.98입니다. 서울은 0.76이고요. 그냥 간단히 산술 계산하자면, 2018년 태어난 아기들이 중년이 될 때면, 5,000만 국민은 절반으로, 1,000만 서울 인구는 400만 아래로 줄어듭니다.

이 경우 어떤 세상이 될까요? 부동산은, 집값은 어찌 될까요? 대학교는 물론 초중고등학교의 입학생은 정원에 비해 턱없이 모자라고, 베드타운과 유령도시의 구분도 사라집니다. 국민연금과 건강보험 체제는 무너집니다.

저한테 많이들 물어보니 저도 물어보겠습니다. 당신이, 당신의 자녀가, 친한 선후배와 지인이 어떤 대학을, 어떤 전공을 선택하고, 어떤 직장에 가야 하느냐고 물으면 어떻게 대답하겠습니까? 아주 빤한 세상에서는 정답이 있었습니다. 지금껏 그 정답을 움켜쥐고 사는 당신은 정말 자신 있나요? 그 대학이 정답이고, 그 전공이 당신 자녀의 취직을 보장하며, 그 직장이 당신의 정년을 보장할까요? 지금부터의 세상은 이럴 수도 있고 저럴 수도 있습니다. 무엇이 딱 일류 대학, 최고 전공, A급 직장, 에이스 보직이라 할 수가 없습니다. 그때그때 바뀌는 세상이니까요.

물론 이러한 변혁은 이끌어온 것은 과학기술, 특히 정보통신 기술입니다. 단연코 근대사의 유일한 변화의 동력은 ICT입니다. 따져보면 인간의 본성과 사회의 본질은 바뀌지 않았고, 그 본성과 본질조차 뒤흔드는 유일무이한 변화요인은 ICT입니다. 우리 삶 속 ICT의 총아이자 대표 격인 스마트폰은, 인류가 만들어낸 첫 번째 컴퓨터 에니악ENIAC보다 성능이 20만 배 이상 뛰어납니다. 반대로 크기는 20만 분의 1이죠. 20만×20만. 아무리 70년이 지났다고 해도 그렇지, 우리 모두의 손에 에니악보다 400억 배 좋은 컴퓨터가 들려 있는 것입니다!

게다가 400억 배 좋아진 컴퓨터들이 모두 연결되어 있습니다. 스마트한 A급 사람들만이 아닌 스마트폰을 가진 모든 사람들이 연결되어 나누고 소통합니다. 그들이 만들어내는 스마트 홈, 스마트 학교, 스마트 오피스, 스마트 빌딩, 스마트

시티는 정녕 지금까지의 세상이 아닙니다.

덧붙여서, 혹시 아세요? 아직도 인류의 절반이 인터넷 접속을 하지 않고 있다는 사실, 그런데 그 인터넷을 무료로 연결하는 와이파이 핫스팟은 해마다 2배씩 늘어난다는 사실, 그리고 지금 미국에서는 결혼한 사람의 1/3이 그 인터넷을 통해 만났다는 사실을요.

아직도 우리에게 익숙하고 당연한 세상의 법칙과 세상이 돌아가는 논리는 모두 산업화시대의 것입니다. 하지만 알아야 하고 또 명심해야 합니다. 그 법칙과 논리는 더 이상 유효하지 않습니다. 산업화가 만개한 시기에 태어난 에니악보다 400억 배 좋은 기기가 손안의 일상이라면, 세상도 그만큼은 변하지 않았을까요? 앞으로는 더 빨리 변하지 않을까요? 그런데도 아직도 과거의 법칙과 논리를 사람들에게 들이대고, 그 기준으로 일류와 이류를 나누고, A와 B를 구분하는 것이 옳을까요?

또 많이들 물어봅니다. 그래서 어떤 세상이 될 건지, 어떤 새로운 법칙과 기준이 생길 건지. 그래서 달라진 세상에서 무슨 전공을 선택하고 어느 직장에 가야 하는지. 과연 변화한 세상에서 무엇이 최고고 일류고 에이스인지. 더불어 인공지능과 로봇의 세상에서 일자리는 어떻게 되고, 가상화폐와

블록체인의 세상에서 금융은 어떻게 되고, 자율주행차와 전기차의 세상에서 교통과 물류는 어떻게 되는지. 3D프린팅의 시대에서는 제조와 유통이, 가상현실의 시대에서는 쇼핑과 엔터테인먼트가 어찌 되는지. 과연 어떤 모습으로 변화하는지 물어봅니다.

그렇지만 여기서 잠깐 멈춰서 생각해봐야 합니다. 어떤 세상이 오고 어떤 모습일까가 궁금하긴 하지만, 그게 다일까요? 알기도 어렵겠지만, 안다 해도 그게 무슨 소용일까요? 무엇이 최고의 전공이고 최선의 직업인지 알면 그것으로 끝일까요? 그것으로 충분할까요?

AT&T는 세계 최대이자 미국 최고의 통신기업입니다. 1980년의 일입니다. 일찌감치 미국 전역의 유선전화망에 대해 독점적인 입지를 차지한 AT&T는 미래의 세상을 그려봅니다. 새롭게 등장한 무선 휴대전화기 기술을 눈여겨보며, 2000년이 되면 사람들이 휴대폰을 얼마나 사용하게 될까를 맥킨지에게 물어봅니다. 물론 엄청난 컨설팅 비용을 지불했죠. 맥킨지 역시 세계 최대, 최고의 컨설팅 기업이니까요.

맥킨지는 장황한 법칙과 정연한 논리를 동원해 답했습니다. '90만 명!' 2000년이 도래했고, 실제 사용자는 1억 900만 명이었습니다. 초일류 맥킨지의 답보다 무려 121배 상회했죠. 당시 맥킨지의 조언으로 무선사업부를 축소한 AT&T는 유무선통신 최강자가 될 수 있는 기회를 날렸고, 30년 가까이 고작해야 30달러 전후를 크게 넘지 않는 주가를 지탱하고 있습니다. 아무리 A급 AT&T라도, 아무리 에이스 맥킨지라도, 20년 후의 세상의 변화와 미래의 모습을 예측하기는 어렵습니다. 알 수 있을 거라 예단한 것이 바보죠. 한 치 앞을 모르는 게 우리네 인생인데 말이죠. 한 치 앞만 알면 대박 나는 것 중 하나가 주식 아닌가요? 하지만 너무나 많은 요인이, 변수가, 이해관계자가 작동하는 주식은 변화의 양상을 가늠하기 어렵습니다. 하물며 세상은 어떻겠습니까?

또 있습니다. 설령 어찌어찌해서 운 좋게 변화된 세상의 모습을 맞추었다고 칩시다. 그러면 만사 오케이일까요? 맥킨지가 1억 명 언저리로 맞추었다 할지라도 거기서 끝은 아닙니다. 변화는 늘 계속되고, 어느 시점에서든 또 다시 시작되고, 더욱이 그 속도는 더욱 빨라질 테니까요. 아세요? 지금 휴대폰 사용자는 3일마다 90만 명씩 늘어납니다. 맥킨지의 그 90만 명이요.

지금까지의 세상과는 전혀 다른 세상이 오고 있고, 이미 왔습니다. 이전 세상에서 횡행활보했던 사람과 물건, 원칙과 법칙은 수그러들고 있습니다. 그러니 당연히 새로운 세상에서 군림할 직업, 전공, 특성, 기준을 알고 싶고, 그러기 위해 새로운 세상의 모습과 변화의 양상을 그려보는 것이겠지요. 중요한 일입니다. 중요한 만큼 우리 모두 애쓰는 일입니다.

그러나 제가 강조하고 싶은 것은 조금 다릅니다. 어차피 변화는 지속되고 세상은 너무 다양해지고 다변화되는데 어느 한 순간의 모습에 집착하는 것은 어리석은 일이라는 것입니다. 그 순간의 모습을 정형화하고 그 모습에 맞게 기준을 세우고, 그 기준에 맞게 일류와 이류, 최선과 차선을 구분 짓는 것은 현명하지 못한 일이라는 것입니다. 어차피 순간으로 끝나고 또 변할 것이니까요. 그래서 그렇습니다. 계속 변하고, 그것도 더 빨리 변하는 세상에서는,

어떻게 변화할 것인지를 아는 것보다
변화를 어떻게 좇을지를 아는 것이 중요합니다.

베타는 사실 B학점, B급 영화 할 때의 B가 아닙니다. 전혀 다른 세상에서는 이들 B급 영화나 B학점이 최고가 될 것이라고 하려던 것이 아니었습니다. 최고가 되고 에이스가 되면 뭐합니까. 시간·장소·사람·상황에 따라 다 바뀔 텐데요.

맞습니다. 베타는 알파가 아니니 A가 아니고 B라 부를 수

있습니다. 하지만 베타는 B가 갖지 못한 것을 가지고 있습니다. 그렇다고 A가 가지고 있는 것도 아닙니다. 이젠 눈치 챘겠죠? 무엇이 A냐 B냐, 어떤 것이 고급이냐 저급이냐의 문제가 아니라는 것을요. 이럴 때는 이것이 최고이고, 저럴 때는 저것이 최고입니다. 이런 경우에는 이것이 에이스이고 저런 경우에는 저것이 에이스입니다. 이류와 아류도 때에 따라서는 최고가 됩니다. 그러한 마음가짐이 베타가 표방하는 태도입니다. 급변하는 세상에 대응하는 그러한 유연한 몸놀림이 베타가 표출하는 자세입니다. 그러한 태도와 자세로 변화를 좇아야 한다는 것이 근간이었습니다.

이 책은 '변화를 어떻게 좇을지를 아는 능력'에 대한 것입니다. 이를 위해 베타의 태도와 자세로 무장한 전략을 제안했습니다. 베타 전략은 세상의 변화를 영리하게 대응하고, 세상의 변화를 민첩하게 응대하게 해주는 전략입니다. 조금은 냉정하고 현실적이니 우아하고 거룩한 것과는 거리가 먼 전략이죠. 읽는 내내, 여기저기 곳곳에서 느꼈으리라 생각합니다.

교수로서, 전문가로서 오래 살아오다 보니 마지막까지 노파심이 치고 올라오는 건 어쩔 수 없네요. 베타 전략은 '관계에 대한 전략'이라 할 수 있습니다. 그렇다고 베타 전략의 범위를 비좁게 국한하는 것은 바람직하지 못합니다. 세상사는 관계입니다. 인간관계이고 비즈니스 관계입니다. 흔히 경영 전략이라 일컫는 것들은 모두 비즈니스 이해관계자의 관계를 논하는 것이니까요. 그러나 굳이, 굳이 국한하자면, 우리가 소중히 여기는 상대, 이를테면 당신의 그대, 기업의 고객과 같은 상대에 대한 전략입니다. 어떻게 하면 그들과의 관계를 친밀하게 유지할 수 있을까에 대한 것이죠. 세상이 변해도, 상대가 변화해도 어떻게 하면 관계를 성공적으로 이어갈 수 있을까에 대한 전략입니다. 다시 한번, 소중한 상대, 소중한 고객과 '끊임없고 끊김 없는 관계'를 추구할 것을 감히 부탁합니다. 잔소리라 생각하지 말고요.

| 참고문헌 |

시작하며 | 진실한 전략, 그 이름은 베타

- 쿠엔틴 타란티노, 제럴드 피어리 엮음, 김영준 역, 쿠엔틴 타란티노 예술미와
  현실미의 혼합, 마음산책, 2014

1. 베타의 각성 첫 번째 | 완벽함을 잊자

- James L. Brooks, *As Good as It Gets*, Sony Pictures Releasing, 1997
- Barney, Jay, *Firm Resources and Sustained Competitive Advantage*, Journal of Management, Vol. 17, Issue 1, p. 99-120, 1991
- Prahalad, C. K. and Hamel, Gary, *The Core Competence of the Corporation*, Harvard Business Review, Vol. 68, Issue 3, p. 79-91, 1990
- Porter, M. E., *What Is Strategy?*, Harvard Business Review 74, no. 6 (November - December): 61 - 78, 1996
- Bruce Henderson, *Perspectives*, Boston Consulting Group, 1968
- Hammer, M. and Champy, J., *Reengineering the Corporation*, Harper Business, 1993
- Kim, W. Chan and Mauborgne, Renee, *Blue Ocean Strategy: From Theory to Practice*, California Management Review, Vol. 47, Issue 3, p. 105-121, 2005
- Bower, J. L., and C. M. Christensen, *Disruptive Technologies: Catching the*

Wave, Harvard Business Review 73, no. 1 (January – February): 43 – 53, 1995

· Tom Peters, Robert H. Waterman, Jr.,In *Search of Excellence*, *HARPER-COLLINS*, 1982

· Jim Collins, Jerry I. Porras, *Built to Last: Successful Habits of Visionary Companies*, HarperBusiness, 1994

· Jim C. Collins, *Good to Great: Why Some Companies Make the Leap··· and Others Don't*, William Collins, 2001

· Gus Van Sant, *Good Will Hunting*, Miramax Films, 1997

· Vasa Museum, www.vasamuseet.se/en/The-Ship/Vasa-in-numbers/

· ZARA, www.zara.com

· 미래에셋대우, "패션의 새로운 차원을 열다", 미래에셋대우 WebZine, 2018년 6월자

· 이위재, "2주마다 새 패션, 세계를 정복하다", 조선일보 위클리비즈, 2019년 6월 7일자

· FOREVER21, www.forever21.com/us

· 박언진, "'포에버21' 실패한 이유는?", 조선일보 애틀란타, 2019년 10월 24일자

· 귀뚜라미, www.krb.co.kr

· 박태희, "귀뚜라미 보일러, 지진 때 멈춘 이유", 중앙일보, 2016년 9월 23일자

· 삼성 BESPOKE 냉장고, www.samsung.com/sec/bespoke/home

· 장경윤, "공사 없이 깔끔하게 '빌트인' 할 수 있는 냉장고 '비스포크(BESPOKE)'", 인사이트, 2019년 6월 24일자

· 삼양식품, www.samyangfoods.com

· 김승종, "삼양식품 불닭, 얼마나 불티나게 팔렸나 들여다보니···", 프레스맨, 2019년 7월 24일자

· 이니스프리, www.innisfree.com

· 임정혁, "'말 걸지 말아주세요' ··· 유통업계, 침묵의 배려 뜨나?", 뉴스웨이,

2017년 6월 16일자

· IRIS OHYAMA, www.irisohyama.co.jp

· 이위재, "고객이 원치 않는 기능은 다 뺐다 '뻴셈가전'으로 年 1조 원 매출", 조선일보, 2018년 11월 30일자

· 이성길, "장수 브랜드의 성공 비결 #2_그들이 롱런할 수 있었던 4가지 이유", 플래텀, 2017년 10월 10일자

2. 베타의 각성 두 번째 | 훌륭함도 잊자

· JTBC, 한끼줍쇼 42회차, 2017년 8월 2일

· Douglas Coupland, *Generation X: Tales for an Accelerated Culture*, St. Martin's Press, 1991

· David Brooks, *Bobos in Paradise: The New Upper Class and How They Got There*, Simon & Schuster, 2000

· 자크 아탈리, 편혜원, 정혜원 공역, *21세기 사전*, 중앙m&b, 1999

· Richard Dawkins, *The Selfish Gene*, Oxford University Press, 1976

· Adam Smith, *The Wealth of Nations*, W. Strahan and T. Cadell, 1776

· Karl Marx, *Das Kapital*, Verlag von Otto Meisner, 1867

· Larry Siedentop, *Inventing the Individual*, Belknap Press, 2014

· 요한 볼프강 폰 괴테, 강두식 역, 파우스트, 을유문화사, 1987

· 귀스타브 플로베르, 김기봉 역, 마담보바리, 학원사, 1989

· 오노레 드 발자크, 이철의 역, *나귀 가죽*, 문학동네, 2010

· Elia Kazan, *A Streetcar Named Desire*, Warner Bros., 1951

· 테네시 윌리엄스, 김소임 역, 욕망이라는 이름의 전차, 민음사, 2007

· Last Day on Earth, https://kefirgames.ru/

· Heath, C. and Heath, D., *The Power of Moments*, Bantam Press, 2017

· 삼성화재 블루팽스, www.bluefangs.co.kr

- 김유겸, "스포츠 경기 패배는 저주를 가장한 축복 중독성 강한 '가변보상'의 힘", 동아비즈니스리뷰, 2019년 8월 Issue 1
- 신세계 백화점, www.shinsegae.com
- 이한나, "'그들만의 리그' 늘리는 백화점 젊은 층 VIP 모시기 경쟁", 매일경제 MBN, 2018년 3월 8일자
- 포켓몬고, www.pokemongolive.com
- 채새롬, "포켓몬고 사용자 급감… 5개월만 848만 → 134만 명으로 '뚝'", 연합뉴스, 2017년 8월 16일자
- 스냅챗, www.snapchat.com
- 이기문, "제2의 페이스북 스냅챗 '추락'… 몰락한 트위터의 화려한 '부활'", 조선비즈, 2017년 11월 11일자
- 움프쿠아 뱅크, www.umpquabank.com
- 마켓컬리, www.kurly.com
- 안소영, "마켓컬리 매각설 부인… 김슬아 대표 '회사 안 판다'", 조선비즈, 2019년 9월 24일자

3. 베타의 각성 세 번째 | 오직 순간의 진실이다

- Henri Cartier Bresson, *The Decisive Moment*, Simon and Schuster, 1952
- 신영복, *강의*, 돌베개, 2004
- 임춘성, *멋진 신세계*, 쌤앤파커스, 2017
- Michael Curtiz, *Casablanca*, Warner Bros., 1942
- 베르톨트 브레히트, 김광규 역, *살아남은 자의 슬픔*, 한마당, 1985
- 복희, 정병석 역, *주역*, 을유문화사, 2010
- 주희, 최석기 역, *중용*, 한길사, 2014
- 듀오, www.duo.co.kr/html/duostory/ad_tv.asp
- 오로나민C, www.oronaminc.co.kr

- 김성은, "동아오프카, 오로라민 C 팬클럽 창단식 개최", 뉴스원, 2017년 10월 24일자
- 롯데이커머스, omni.lotte.com/eventNew/viewOmniMain.lotte
- 안서진, "유통업계 '옴니채널' 확산, … '온·오프라인 고객 모두 잡는다'", 뉴스투데이, 2019년 10월 14일자
- 스푼라디오, www.spooncast.net
- 최한나, "'연결되고 싶지만 노출되고 싶진 않아' 목소리로 토닥토닥, Z세대 사로잡다", 동아비즈니스리뷰, 2019년 6월 Issue 1
- 스타벅스코리아, www.istarbucks.co.kr
- 장유미, "스타벅스 '마이 디티 패스' 가입회원 50만 명 돌파", 아이뉴스24, 2019년 3월 18일자
- 버드, www.bird.co
- 최지영, "[노트북을 열며] 최단기간 유니콘 된 버드, 한국서 창업했더라면", 중앙일보, 2018년 7월 16일자
- 왓챠플레이, play.watcha.net
- 유재혁, "'왓챠플레이' 급성장… '맞춤형 서비스로 넷플릭스 공세 이겨냈죠'", 한국경제, 2019년 4월 8일자
- 할리데이비슨, www.harley-korea.com
- 박성배, "할리 데이비슨에는 영혼이 있다", 동아비즈니스리뷰, 2009년 5월 Issue 2
- 에미레이트 항공, www.emirates.com
- 배정원, "'몸값 56억' 톱스타 누른 인플루언서 마케팅", 이코노미조선, 2017년 10월 31일자
- 임블리, www.imvely.com
- 한민선, "'임블리 좋아한 내가 창피해'… VIP가 안티가 된 이유", 머니투데이, 2019년 4월 17일자

• 황연도, "부건에프엔씨, 2018년 매출 약 1,700억 원 달성 '전년 대비 2배 성
  장'", 한국경제, 2019년 2월 11일자

4. 베타의 완성 | 베타 전략

• 손무, 김원중 역, 손자병법, 휴머니스트, 2016
• 임춘성, 매개하라, 쌤앤파커스, 2015
• 임춘성, 산업경쟁력 연구실, 3R Model, 연세대학교 ITR 리포트, 2014
• 임춘성, "경영의 금메달은 '종합검진'에서 나온다, 핵심업무를 부단히 진단
  하고 평가하라", 조선일보 위클리비즈, 2010년 4월 3일자

마치며 | 변화를 어떻게 좇을지를 아는 능력

• 손해용, "출산율 0.98명 '최악 저출산' … 韓, 세계 첫 0명대 국가 됐다", 중앙
  일보, 2019년 2월 27일자

베타 전략

2020년 6월 5일 초판 1쇄 발행
지은이·임춘성
펴낸이·김상현, 최세현 | 경영고문·박시형

책임편집·최세현 | 디자인·최우영
마케팅·양봉호, 양근모, 권금숙, 임지윤, 조히라, 유미정
경영지원·김현우, 문경국 | 해외기획·우정민, 배혜림 | 디지털콘텐츠·김명래

펴낸곳·㈜쌤앤파커스 | 출판신고·2006년 9월 25일 제406-2006-000210호
주소·서울시 마포구 월드컵북로 396 누리꿈스퀘어 비즈니스타워 18층
전화·02-6712-9800 | 팩스·02-6712-9810 | 이메일·info@smpk.kr

© 임춘성(저작권자와 맺은 특약에 따라 검인을 생략합니다)
ISBN 979-11-6534-111-4 (03320)

쌤앤파커스(Sam&Parkers)는 독자 여러분의 책에 관한 아이디어와 원고 투고를 설레는 마음으로 기다리고 있습니다. 책으로 엮기를 원하는 아이디어가 있으신 분은 이메일 book@smpk.kr로 간단한 개요와 취지, 연락처 등을 보내주세요. 머뭇거리지 말고 문을 두드리세요. 길이 열립니다.